哲學輕鬆讀

近代哲學趣談

philosophy

鄔昆如——著

東大圖書公司

國家圖書館出版品預行編目資料

近代哲學趣談 / 鄔昆如著. ——二版一刷. ——臺北市:
東大, 2018
面; 公分. ——(哲學輕鬆讀)

ISBN 978-957-19-3147-0 (平裝)

1. 近代哲學

143 106012956

© 近代哲學趣談

著作人	鄔昆如
發行人	劉仲傑
著作財產權人	東大圖書股份有限公司
發行所	東大圖書股份有限公司 地址 臺北市復興北路386號 電話 (02)25006600 郵撥帳號 0107175-0
門市部	(復北店) 臺北市復興北路386號 (重南店) 臺北市重慶南路一段61號
出版日期	初版一刷 1977年2月 二版一刷 2018年11月
編號	E 140130

行政院新聞局登記證局版臺業字第〇一九七號

ISBN 978-957-19-3147-0 (平裝)

http://www.sanmin.com.tw 三民網路書店

再版說明

作者鄔昆如教授為奧地利銀色堡大學神學碩士、德國慕尼黑大學哲學博士，本身又曾是天主教神父，對於基督宗教、西洋文化、西洋哲學，有著深刻又透徹的認識。

本書自民國六十六年出版以來，由於內容條目清楚、解說深入淺出，是哲學入門的優良選擇，是以受到廣大讀者的喜愛。此次改版，編輯部除了修正舊版內容，亦重新設計版式、放大字體，大幅提升閱讀的舒適度。同時，依照普及程度，將本書編入《哲學輕鬆讀》系列，讓哲普書籍一齊發聲。

敬邀讀者，一同來品嘗這歷久彌新的哲學好滋味！

東大圖書公司編輯部　謹識

緒言

西方的哲學自從亞里士多德 (Aristotle, B.C. 384–B.C. 322) 指出了三條發展的路線之後，由希伯來民族的信仰給西方帶來「從彼岸來的信息」，因而發展了形而上學。在希伯來民族的信仰傳到羅馬之前，希臘主義的哲學只能夠發展倫理道德的思想；西方到了十六世紀，自從開始發明玻璃，把人對自然的觀察能力加強以後，就開始另一種方向的發展，也就是對自然科學和對物的體認。

因此從亞里士多德發展出來的「知物、知天、知人」的三個層次，從羅馬時代的發展「知人」，從中世時期的發展「知天」，以及近代開始的發展「知物」，就形成西方很完整的一個體系。

近代哲學的產生，是因為人類在「知」的工具方面有了長足的進步，這種長足的進步，促使西方以前傳統的思想，無論是對物、對人、對天的認知，有了全盤的修正和補充。西洋近代哲學的發展，可以說是在這種新的制度之下以及這種新的方法，找到新的答案的方式之下而產生、發展的。

希臘的時代，無論是蘇格拉底，或柏拉圖、亞里士多德，都盡量在整體的認知方面去發展全盤的哲學體系，同時指出全部的哲學路線；不過，這種全部的路線的體系過於廣大，使得後來的思想家只能夠從中發展一種體系，從中選擇一種方向，以及站在一個立場看其它的宇宙問題。

因為人類理知的發展，對於人性和宇宙的各種問題也就越來越多，這也就是哲學直到今日為止，為什麼一個哲學家只能站在某一個角度設法去看人性和宇宙的問題的一個最大的理由。

在中世時期，特別發展信仰，發展宗教哲學的體系，在這個宗教哲學的體系中，特別是以宇宙論的架構中，找出人生的真諦，也就因此人類的思想侷限在形而上的領域。關於人生的哲學方向而言，特別注重人類的理想，人類對將來的寄望；也就是說發展了人生哲學中理想的方向，對現實的問題，多多少少地忽略或存而不論。

因此在西洋中世一千多年的時間，對人生「此世」的生活似乎關心得不夠，而對人生「來世」的寄望討論得特別多。到了西洋近代的思想發展之後，思想的箭頭完全地改變，指向現實世界。指向現實世界的這個思想方向，最主要的理由是人發明了自然科學，在自然科學上可以控制物質世界，可以在物質世界中找出所有物質的本質，而不須要再以神話的方式解釋事物的現象，甚至也用不到以權威的方式解釋宇宙萬象；而能夠以理知和經驗的方法，解釋每一種自然現象的發生，這也就構成了西洋近代哲學開始以來，對人性自己的自信。

人的自信也就相對地減低了宗教的情操，相對地減低了對倫理道德的嚮往，因此在近代哲學開始的時候，往好的一方面去看，是發展了亞里士多德對「物」的體認；也就是說，人性生存在這個世界上，更能夠把握物質的世界，更能夠在人的生活上充實自己和發展自己，在人性的物質生活必需上更有保障生存的機會，在人的精神生活有比較解脫的看法，人開始做自己的主人。

可是往壞的一方面去看，近代哲學的發展，由於科學技術的發展，也就把人性對「天」、對「人」的雙重關係慢慢地冷淡下來，把以前對人性、來世的嚮往、對各種德性的嚮往慢慢地懶散下來；也就是說，把立體的、動態的宇宙觀，改變成平面的、靜止的一種宇宙，把人生價值的最高的真善美的層次，拉下來靜止的真假對錯的層面討論。

也就因為近代哲學的思想，有了這一種危機，所以在近代思想的過程中，有道德哲學的產生，有觀念論的發展，企圖把平面化的宇宙再度立體化，把靜態的宇宙再度變成動態的，使得人生在物理的世界上開放出精神的花朵。

不過，在近代哲學開始以後，人性的自覺漸漸地發展自己做自己的主人的信念和信心，也就因此對傳統的許多東西冷淡了，無論是好的或壞的，甚至加以摒棄和廢除。所以近代哲學的開始，在西洋整個文化系統而言，是一種新的開始，不只是在人生和宇宙的內容是一種創新，尤其是在思想的方法和人生哲學追求的方法上有一種創新。這種創新表現得最清楚的是法蘭西・培根 (Francis Bacon, 1561–1626)。他著有《新工具》(*Novum Organum*) 一書。培根所謂的「新工具」，當然就是相對於希臘哲人亞里士多德所著的《工具書》(*Organon*)。

在這本《新工具》書中，特別指出「歸納法」的運用，很顯然的，亞里士多德提出的「工具」，就是他的邏輯，是屬於演繹的一種邏輯。在培根所運用的方法，完全適於自然科學中所用的方法，從經驗、日常生活的體驗中，慢慢地分析宇宙的真理和人生的真理。在一千多年前，亞里士多德所提出的「工具」的方法，適於直觀的、演繹的，適於純思考的方式，推論出宇宙和人生的課題。法蘭西・培根提出「新工具」以後，整個的西洋學術的方式改變了，哲學的方式亦受到很大的動搖，尤其是屬於英語體系的經驗主義、實用主義方面，到今日仍舊可以看到他們屬於歸納的、分析的方法論，可以從這些方法論中，看出他對價值體系和形而上體系的輕視，甚至是否定。

因此相對於希臘，尤其是相對於中世哲學而言，近代哲學的動向以一種完全新的面目出現，新的哲學內容，和新的哲學方法；在這些哲學的方法和內容中，我們可以看出他們並非完全是這個時期的產品，而在希臘哲學中已經提出了問題，在中世哲學中又隱喻了這些問題的答案，特別在中世哲學後期的士林哲學裡，歐坎、厄克哈、以及古撒奴士的學說中都已經有了「新」的跡象。這種「新」的精神甚至可以追溯到斯哥德和阿伯拉德的體系中。近代哲學不但忘不了傳統的東西，而且要完成他們所提出來的體系。

西洋哲學的系統思考方法，也就是在前一期的哲學家停止的地方，而新的哲學家開始工作，西洋的哲學也就因此形成一個很大的思想體系。雖然我們在「新」的方法，「新」的問題和「新」的答案中，可以看出一種創新，而創新的幕後仍然可以看到傳統的種子。可是近代哲學並不因為有了這些傳統的陰影，就覺得他不夠偉大；我們仍然可以在近代哲學中，看這些「新」的東西，正顯示出當時人們對自己的存在、知識，有了一種「新」的，比以前更穩定的信念，有問題的時候不再去問神話，不再去問《聖經》，而是問自己的理知。

他對宇宙和人生的問題，如果有任何的不清楚，不再跟著別人或權威去找一種答案，而設法在自己的手腦並用中，找出問題的癥結，設法解答自己的問題，這種方式慢慢地融入了西洋所謂的學術自由。學術自由指出人類獨立思考的覺醒，指出人類可以自己決定自己的命運。因為有了這種學術的自由，同時有了獨立思考的自由，於是在近代哲學中有許多的學派，同時有許多的學說，甚至在近代哲學中，我們可以發現每一個人有每一個人的學說，幾乎在中心的思想上有獨立思考的精神。

所以這些門派，派系、學說，有如雨後春筍、欣欣向榮。近代哲學的學說之多，派系之雜，使人眼花撩亂，無所適從。這些現象在開始的時候，固然像是革命，使得所有的哲學體系大亂，可是卻啟發了一種新的思考方法，尤其是催生了每一個人對個人自己的存在以及個人在社會中所扮演的角色，甚至找到人生在宇宙當中應該如何實現自己個人。個人的生活在近代思想中，慢慢地脫離集體的束縛，每一個人他只是代表個人自己，個人自己的存在固然在另一方面是為了群體大眾，可是群體大眾的整體的、抽象的普遍性性質都要落實到每一個個人的單獨存在裡面。

此期哲學綜合上面所提出的特性，可以找出其四大特徵：

㈠近代哲學因為他有新的方法、新的問題以及找出新的答案，走出了希臘哲學和中世哲學的圈子。

㈡因為他開始在自然科學中發展出一種新的思想，他不再去利用權威和神話的系統解決自身的難題，他漸漸地與自然科學拉上密切的關係。

㈢因為他開始以自己的理知，作為認知尺度的標準，以自己生活的體驗，作為解決人生問題的方案，於是漸漸地脫離教會的制度哲學，脫離了一種偉大體系的嚮往，覺得個別的事物以及具體的思考方式，才是真正的做哲學的方法。

㈣近代哲學由於在近代發展，而近代期間，民族與民族間的交往日漸頻繁，因此開始接受其它民族，其它的信仰，甚至其它的哲學，其它國家傳統所留下來的智慧結晶。

有了這四種的特徵之後，我們最主要的要強調此期的思想有創新的精神。在創新的精神中，仍可以看出其復古的態度，雖然是復古，但是就他們而言，是一種創新，雖然是創新，但是可以看出其所謂的復古是什麼意義。

西洋近代哲學的時間，是從文藝復興開始，直到黑格爾 (Hegel) 死為止。通常如果站在精神思想的發展看來，也可以說是從宗教改革開始，直到黑格爾死為止。即一五一八年到一八三一年。

近代哲學所謂的「復古」，是針對西洋中世哲學的信仰思想或宗教哲學的思想，回到希臘的理知範圍。也就是說，一個人不依恃信仰的權威，而相信自己的理性，以自己能懂得的，無論是從自然科學去懂，或是以自己思考的方式，去界定宇宙和人生的問題，同時解答宇宙和人生的問題。

近代哲學所謂的「創新」，就是自然科學的，一方面以自然科學的方式，針對人性的物質生活，針對人性的「知物」層次而言。自然科學的發展，當然也就意味著工具的發明，工具的發明可以從很多方面去看，可以由蒸汽機開始，也可以從電開始，在前面，我們曾經提及玻璃的開始；西洋的文明有一個特別顯著的地方，在白種人的天下裡，有一個東西是他們的發明，那就是玻璃。

玻璃的發明，可以說是開了人類的眼界，在玻璃發明以前，太過微小的東西，我們視覺有了極限，太遙遠的東西，我們視覺一樣有極限；有了玻璃以後，可以把微小的東西放大，那就是顯微鏡，同時有了玻璃之後，可以把遙遠的東西拉近，那就是望遠鏡，顯微鏡的發明，使得人類對小宇宙 (micro-kosmos)，有了更清楚的認識，望遠鏡的發明，使得人類對大宇宙 (macro-kosmos)，有了更清楚的認識。以前的人類確實是很有智慧的。

比方日曆的發明，天體運行的秩序，不管是中國人、印度人、波斯人或阿拉伯人、希臘人、埃及人，都可以觀察出宇宙四時運行的秩序，雖然不像我們今日如此準確，但是仍然找出年、月、日的規則。那麼人類在玻璃發明以後，望遠鏡的出現，使得人類對宇宙的看法有了很大的改變。

在近代的思想中，自然科學的發明，對於人類的知識有了很大的幫助，尤其是人類生存在這個世界上，要慢慢地認識這個世界，知道它的偉大處和渺小處，同時也感覺出人類的生命在這個世界上究竟佔了何種位置。當然在「創新」裡，最主要的是在文藝復興時，每一個個人對自己存在的覺醒，自身的得救，已經不是依靠教會裡團體的組織，而是依靠個人內心的宗教體驗，同時不只是個人注意到自身存在的價值與尊嚴的問題，並且注意到集體的存在問題，也就是國家民族的問題。比如自由主義的產生和發展，是這個時代很主要的社會哲學的特性。

在人類對國家民族的覺醒中，他們開始對羅馬帝國中央集權的統治方法感到不滿意，對羅馬帝國在文化方面的把持不滿意。原來我們都知道，西洋的白種人最早的文化發展在希臘，當時表現人類思想文化的工具是希臘文，自從雅典的政治、經濟、軍事、文化的中心轉移到羅馬之後，就慢慢地使用拉丁文，而拉丁文統治西方一千多年，直到文藝復興的時代，即近代思想開始的時候，他們覺得應該使用自己媽媽所講的話，來表達自己的思想，因此各地的方言開始出現。這種各地方言的出現，就是新的語言文字的誕生。

西洋新的語言文字的誕生，意味著每一個民族的覺醒，同時摧毀了從前亞歷山大大帝和凱撒大帝所有的夢想，想征服整個的歐洲和整個的世界，要以政治上統一的局面，散播他們自己的政治理想，這種事在近代哲學中已經出現了一種反對的潮流。我們說在近代以後，又出現了拿破崙或希特勒，或在東方出現了日本，可是人類對這方面民族意識的覺醒，畢竟在西洋近代思想的範疇裡，找到了一個註腳，而且奠定了基礎。

因為西洋近代的思想，奠定在自然科學裡，而自然科學的劃分又非常多，因此在哲學的課題中，又可以分為很多不同的角度和內容、方法。我們在《近代哲學趣談》裡面，要把近代的思想分為五大部分：

首先第一部分討論文藝復興的哲學，所謂的文藝復興，就是提出西洋近代思想的兩個重點：即「復古」與「創新」。「復古」就是要跳過中世哲學的思想，脫離希伯來民族的宗教影響，回到白種人文化開創時期的思想方法和內容中。在文藝復興這段時期，有這種「創新」，同時有民族意識的因素在內，西洋這種民族意識，往壞的方面看來，導致了西洋的分裂，一個國家與一個國家，一個民族與另一個民族之間，把白種人的世界變成四分五裂的狀態，今日看世界地圖之時，就可以知道為什麼歐洲國家都那麼小，而且那麼小的地區有那麼多種的語言文字，使得他們言語之間有那麼多的誤會和誤解。

在文藝復興期間，我們要特別提到他們的「復古」，不是「神本主義」，因為他們要跳過中世的思想，回到希臘去，他們要回到自己的神秘主義或自己的人本主義中。在「創新」裡，是人文社會和自然科學一齊創新，帶有濃厚的民族意識的方式，然後要特別提出影響西洋一千多年的信仰問題和他們自己的一種知，也就是說，在希臘哲學導引下來的「知物、知人、知天」三知中，希望能夠透過「知物」的體認，來概括「知天」、「知人」的一些原理原則。我們都知道希臘的哲學儘量設法透過「一切」去認識「一切」，也就是說，設法透過「一切」去「知物、知人、知天」，而羅馬的時代，卻希望透過「知人」而「知物、知天」，到了中世時期，卻希望透過對神的崇拜，也就是希望透過「知天」而「知物、知人」，到了近代，則希望透過對物理的體認，對物質世界的把握，透過玻璃的發明，對小宇宙和大宇宙的把握，而討論人的倫理道德問題，和對於神的宗教信仰。

《近代哲學趣談》的第二部分，要提及哲學中一支很大的思想派系，是復古的人本主義的一支思想派系，叫做「理性主義」。理性主義要撇開中世的信仰方式，而回到西方古典的思想方式，他們相信自己的思想，相信邏輯的法則，以為用理知的直觀就可以找到真理，而這個真理不但可以運用在物理上，而且可以運用在人生方面，甚至可以運用到宇宙和宗教方面。

「理性主義」 我們特別提出三位思想大師，即笛卡兒 (Descartes)，蘇比諾莎 (Spinoza) 和萊不尼茲 (Leibniz)。

然後我們進入第三部分，提出哲學中的另一派系，是屬於希臘所導引出來的，不是依靠神話或信仰來討論哲學的問題，那就是「經驗主義」。「經驗主義」的想法是透過實驗，透過法蘭西・培根所提出的歸納的方法和分析的方法，而找到真理，找到人生在宇宙中究竟有什麼真諦。很顯然的，我們所知道的，經驗主義向上追溯的根源，是亞里士多德，因為亞里士多德開始研究物理，用邏輯的法則研究物理，希望透過對於物理的體驗，而抽象出形而上的原理原則，利用這個原理原則來建構他的倫理學。

理性主義因為注重直觀，並不重視零星的體驗，或日常生活中的經驗，而是透過自己的深思、直觀，找到宇宙的原理原則，然後用這個原則來生活，這顯然是柏拉圖的一個體系。這個柏拉圖的體系或亞里士多德的體系，在中世最興盛的時代，也就是士林哲學全盛期的十三世紀，已經開始了很明顯的劃分。在西洋十三世紀，也就是西洋思想最興盛的時代，成立了許多的大學，十三世紀最早成立的有巴黎大學和牛津大學，而牛津大學代表英倫三島以及英語體系的整個思想方式，是屬於經驗主義、自然科學的體系，是屬於歸納法和分析的一種思想方式；而巴黎大學代表歐洲大陸的一種思想方法和思想內容，他們所注重的不是自然科學，而是人文和社會的，這種注重人文和社會的，後來就導引出理性主義，注重科學和經驗的，後來就導引出英倫三島的經驗主義。

直到目前為止，我們仍然有這種深深的感受，屬於英語體系的一些殖民地或一些新興的國家，通常都注意經驗主義的哲學，受了歐洲大陸人文思想影響的，通常都保留理性主義的體系。

然後我們進入第四部分，啟蒙運動的哲學。因為西洋開始了「復古」，又開始「創新」，在「創新」當中，提出新的哲學方法和新的哲學內容，以及問題的新答案，因此他們覺得須要再教育一般的老百姓，因為在中世或中世以前，可以說知識是特殊階級的人才有，到了近代，民族主義的覺醒，尤其是自由主義的覺醒，他們認為每一個人都是平等的，都應該有知識，所以啟蒙運動由英國開始，到了法國、德國以及其它的國家，如火如荼地進行起來。

這些思想的方式，可以說是完全站在人本的立場，設法把宗教的和傳統倫理的權威推翻。在這啟蒙運動中，主要的提出人的「自由」，主要的提出社會的「法治」，提出人類對發展所有獨立宣言以及人權的問題，這種爭論可以說是奠定了往後西洋社會的型態和政治的型態。

然後第五部分要提及康德與德國的觀念論，可以說是在西方一百多年的動盪中，在所有革命和革新的思想中，慢慢地經過痛定思痛的方式，重新拾回傳統所遺留下來的立體的世界、宇宙觀以及動態的人生觀的方式。尤其從康德開始，提出倫理道德的問題，提出道德哲學，認為人生不是平面的，它是有價值的、有尊嚴的，討論人不可以用物理的法則，人文世界也不可以用自然科學的法則，探討宗教更不可用物理的法則。

康德和德國的觀念論，設法把文藝復興和啟蒙運動的哲學所輕易丟棄的價值體系重新拾回，站在一切的立場討論一切的問題，恢復到真正的希臘的宇宙觀和人生觀之中。在康德和德國觀念論的這種探討中，我們重新看到柏拉圖和亞里士多德偉大的體系，因為真正懂得柏拉圖和亞里士多德的哲學，並非看他們之間有什麼衝突和相異，而是看他們相互之間如何補足，如何一齊討論宇宙和人生的整體問題，康德和德國觀念論的構想也就在此，希望能夠透過人類整體的認知能力，和實行倫理道德的理念，以及對宗教藝術的嚮往，討論整個立體的宇宙，討論整個動態的人生。

當然，我們今日所看到的，在德國觀念論背後，他們特別發展了精神世界，特別發展了精神的文化，因而多多少少地忽略了物質生活的層次。所以當黑格爾死後，也出現了一些思想的反動，就是十九世紀後半期的所有唯物、實證、實用、功利的思想，這些思想又是另一方面的極端，把人性和整個有價值的宇宙幾乎毀於一旦。關於此種思想的末流，留待下一本《現代哲學趣談》中討論。

綜觀整個近代哲學思想的發展，從頌揚理知和讚嘆經驗的能力之後，又出現對倫理道德、藝術和宗教層次的認定，從這種發展看來，西洋近代的思想還是屬於一個整體的。不但相信自然科學所有的能力，同時能夠指出自然科學的極限，固然能夠提出人性對物質生活的需要，同時也忘不了人性還有精神生活的一面。

在整個啟蒙運動和文藝復興中的幾個革命性的極端思想中，西洋畢竟出現了康德和德國觀念論，把整個的人性再度提出，把人性具體的層次重新以他的理想衡量，因為在人性的發展中，不但要知道他的來源和他以前的情形，同時主要的是對自己生命的前瞻，他要知道自己的未來，把握自己的未來，把自己的未來帶上一個幸福康樂的境界，他自己以前的歷史，或對自己以前的不光榮事蹟，並不十分關心，所關心的還是自己的未來。

如此人性對自己的設計，對宇宙的觀察，很顯然的就會有某種的信心，這種信心也正是人性對自己價值和尊嚴的肯定，這種信心正好指出人性可以脫離物性、獸性，而漸漸地進入神性的境界。

西洋近代的思想，無論站在那一方面去看，都是從迷失到覺醒，從對物的一種崇拜到對精神的肯定，從對人今生的肯定到對人來世的一種寄望。

近代哲學趣談

目次

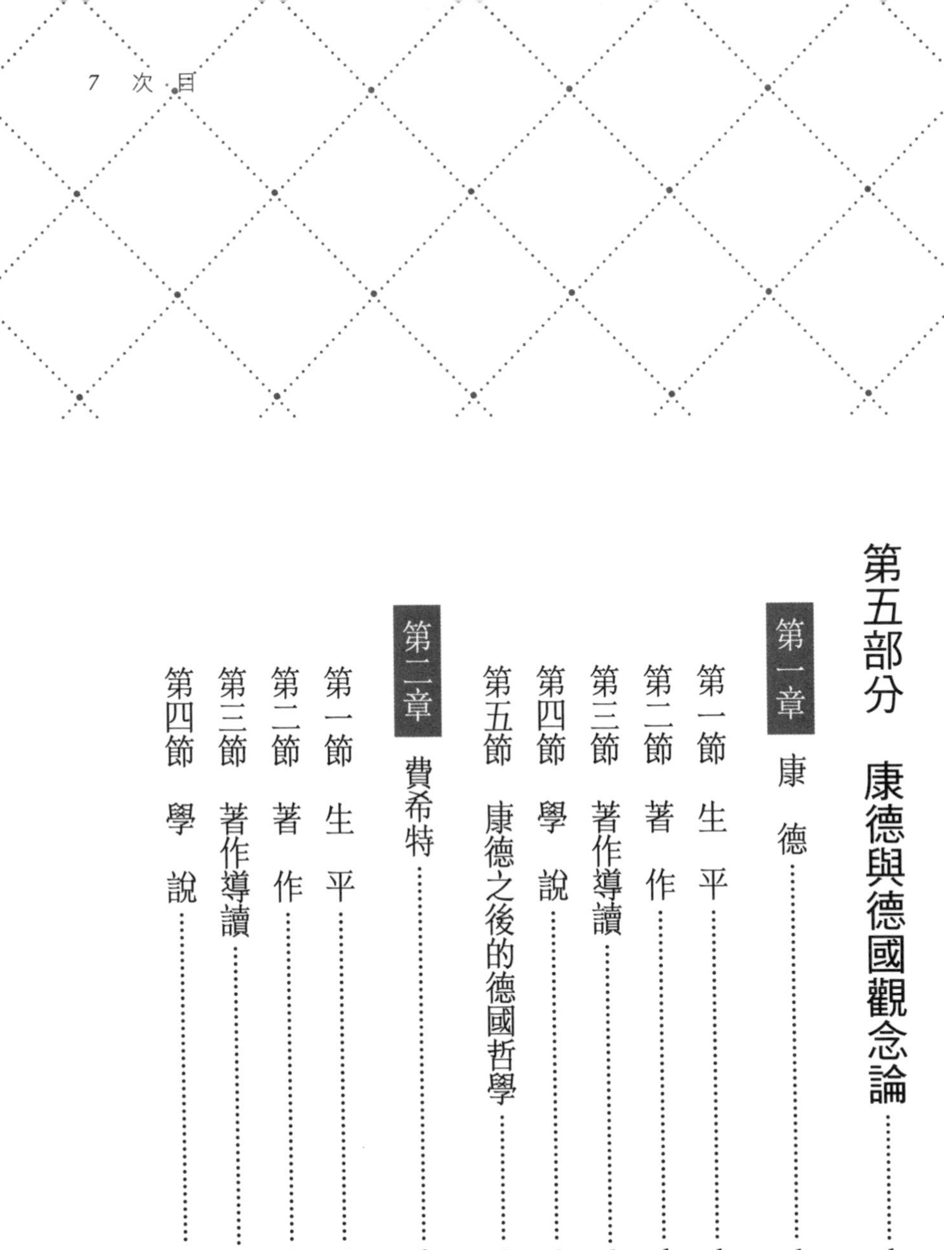

第五部分　康德與德國觀念論

第一部分　文藝復興哲學

在西洋近代思潮的中心，最主要的兩個口號，就是「發展」和「進步」。亞里士多德開始的哲學有Entelecheia「發展」，這個概念所指出的是宇宙間每一種事物都有一種「內在的目的性」，指出整個的宇宙是活生生的，每一部分都是為了整個的利益和整個的秩序而運行、發展和變化，從法蘭西・培根的《新工具》出版以後，多多少少地修正和增加了亞里士多德「發展」的概念；加上「進步」的因素，所謂的「進步」，一方面是指人類物質生活的進步，但是，在另一方面，就補足西方希臘哲學和中世哲學而言，在精神生活上也有進步。這種精神生活的進步不是獨立於肉體的生活，而是提出整個的人性生活；這也就是近代哲學很主要的一種信念，認為「發展」和「進步」兩個概念是不分的。

文藝復興的時代，是一個「生」的時代，各方面都在發展和進步。在發展和進步中，尤其是每一個民族的覺醒，伴隨著個人主義和自由主義的呼聲，使得個人認清自己和國家之間的關係，人不但注意相同於中世所探討的修身問題，同時注意到個人與國家的關係，個人在自己的環境當中生存的所有條件和他們所有的責任。因為文藝復興的時代在西方是一個「生」的時代，在「生」的所有現象中，都有一種混亂和苦痛，因此在混亂中，有人欲推翻中世的生活而復古，有人則退隱到神秘，不理現世的事務。各種學術在這個時代裡，都想發展到極峰，把有限的發展成無限的，把暫時的進展為永恆的，並且最主要的是，人性要把自己的理性，從信仰的桎梏中解放出來，使哲學成為純理性的一門學問，甚至從理性走向經驗，把哲學看成自然科學一樣，可以在實驗室中得到解答的一門學問。

因為是「生」的時代，也就有「新陳代謝」的作用，因為要以「理性」來反對「信仰」，所以站在消極的一面看文藝復興壞的方面，是他們把立體的、動態的人生變為平面的、靜態的人生。可是，往好的一方面看，就是每一種學說互相爭榮。如果站在壞的方面看，覺得文藝復興所給予人類的不外乎懷疑和相對主義的話，我們應該對這種懷疑和相對主義善加利用，利用的方法當然是公開提出討論，並且把文藝復興時代的各種學說提出來與中世時代的思想作比較，看看是否他們所追求的，也是希臘和中世的思想家也同樣在追求的某種事物。

比如文藝復興時代所追求的「自由」，追求「人人天生來就是平等」的這種學說，是否在中世接受希伯來信仰的時候，認為每一個人都有不死不滅的靈魂，而靈魂都是上帝的肖像，每一個人與人之間都是平等的，是否在結論上都是完全相同，只是在口號的叫法上有一些表面的差異而已。「人與人之間的平等」，是個人在社會生活中的一種覺醒，在這種覺醒之後，把個人的價值和尊嚴推廣到國家和社會中，也就產生了濃厚的民族意識，民族主義。從這種民族主義和民族意識所導引出來的是歐洲每一個國家的獨立、革命，自己管理自己的內政和自己立法。

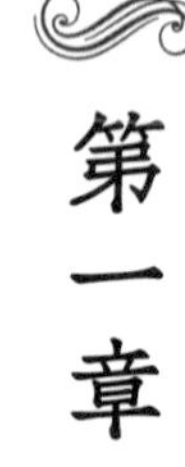

第一章 復古

文藝復興的哲學，最早的一個特色就是「復古」。所謂「復古」，也就是他們民族意識另一種型態的表現，所謂民族意識的表現，是他們不再希望在思想上接受希伯來民族的信仰，在政治上不再接受以羅馬為中央集權的帝國政治，因此「復古」的一個特色，就是要走出中世的圈子，走出中世哲學、政治的圈子，回到西方人以為是自己真正祖先的希臘羅馬的思想自由時代，不受宗教的束縛，不受政治的束縛。

文藝復興中的「復古」並不是一種口號，事實上是一種運動，站在哲學立場看來，是一種學術的運動。這種學術的運動起因於當時的一些動亂，在思想上的動亂，很多希臘的學者逃亡到義大利，他們當然同時把希臘古典文化寶藏也帶到了羅馬，使得羅馬人在當時唯名論的學說之後，也開始直接研讀古籍，他們不再透過拉丁文去讀希臘的亞里士多德和柏拉圖，而是直接以希臘文去研討這兩位大師的思想方法和內容。

在義大利這種新的思想的誕生，早就已經形成。比如但丁 (Dante) 作了《神曲》，但丁的《神曲》是以義大利文寫成的，這是一個很大的革新，因為在中世一千多年的統治下，羅馬帝國所使用的國語都是拉丁文，而現在竟然有以土話的方言著述為一部著作，當然形成特別是百姓對自己土話的崇拜和嚮往，而且在內心上可以把握住群眾。因此固然但丁的《神曲》，絕大部分是中世神學的看法以及中世的人生觀，特別是中世宗教哲學的定論，由於他著《神曲》的語言是義大利文，在當時而言，整個義大利對於但丁《神曲》的問世十分興奮，因為他們認為自己的民族終於可以脫離那從外而來的宗教信仰（希伯來的宗教信仰），而且也能夠脫離以羅馬為中心的政治。

在另一方面，因為學者們直接由希臘的典籍中去探討希臘的哲學，因此有很多中世教父哲學時期或士林哲學時期所沒有注意到的問題而重新被發現了。中世哲學與希臘哲學最大的不同點，是希臘哲學完全以「人」做中心，用很自由的方式討論宇宙問題和人生問題，中世哲學受到希伯來民族《舊約聖經》的影響，加上羅馬自己本身產生的以希臘文寫成的《新約聖經》，這兩部經典可以說是界定了中世哲學的動向以及思想的內容、思想的方法。此次希臘哲學的重新研究，使得哲學的研究方向重新改變。

學者們開始提出「回到原始資料」的方法，因此他們在註解亞里士多德《形上學》的時候，或者註解柏拉圖「宇宙論」的時候，首先讓哲學家亞里士多德或柏拉圖先說話，然後再加入學者們自己的意見。

在「復古」的運動中，最主要的當然是資料的問題，我們在中世十三世紀的思想中，已經提及希臘的哲學不是直接傳入羅馬，而是經過阿拉伯，然後到西班牙，才到羅馬，而且阿拉伯已經把希臘文譯為阿拉伯文，然後再譯為拉丁文。文藝復興的初期，在他們的復古運動當中，是希臘文直接傳入羅馬，使得羅馬的學者直接研究希臘的原文。

所以我們在這裡，特別注意他們所謂「原始資料」的問題，早在一四四〇年期間，佛羅倫斯城已經設立了柏拉圖的學院，它的目的本來是要統一希臘哲學的思想和耶穌基督宗教的思想。在教父哲學中，已經有過融合希臘耶穌宗教的兩種學說，這種融合以耶穌基督的宗教做中心；文藝復興的統一工作，是要回到古希臘時代，以希臘的哲學做中心，探討耶穌基督宗教的思想。在這些復古的工作中，在「柏拉圖原典」的研究工作中，出現了很多的學者，有很多的學者設法把柏拉圖的原典真正地翻譯而且加上了註解。

對這種「復古」的工作在當時最大貢獻的是柏例圖 (Georgios Gemistos Plethon,

+1450)。柏例圖是希臘人，在柏拉圖學院中特別提倡柏拉圖。由於他的努力，古代柏拉圖的學說重新以系統的方式在義大利發展。中世哲學對柏拉圖的知識只侷限於〈弟邁奧斯〉(Timaios)、〈費東〉(Phaidon)及〈梅農〉(Menon)三篇對話錄中。雖然中世的伯特拉而加(Petrarca)提出柏拉圖，也擁有十六篇的對話錄，但是由於他缺乏希臘文的知識，無法介紹柏拉圖的哲學。布魯尼(Leonardo Bruni, +1444)的翻譯也無甚大用，還是缺乏第一手的資料。

柏例圖決心使學術完全復古，希望只在柏拉圖的學說中復古，因此他學說的動機，一方面要反對亞里士多德的學說，以為亞里士多德的學說是反對柏拉圖的，以為亞里士多德有很多的思想不合哲學的規定，因此柏例圖特別把柏拉圖和亞里士多德學說中不同的地方找出，找出的目的是要承認亞里士多德的錯誤，以為柏拉圖才是真正的哲學家。

可是，當柏例圖於一四三九年離開佛羅倫斯城之後，就有特拉伯地可(Georgios Trapezuntios)出來，再次比較柏拉圖和亞里士多德的哲學著作，而慢慢地發現並非如柏例圖所提出的，他以為只有亞里士多德哲學才能夠真正地找到智慧之路，因此他提出與柏例圖相反的一種學說，以為要真正「復古」，就得發展亞里士多德，推翻柏拉圖。

後來柏莎里昂(Bessarion, +1472)出，希臘人，再次為柏拉圖學說辯護；開始時只用拉丁文，後來才進而用第一手資料。由於這些思想家的探討，也就是在中世一千多年以後，希臘的學說又重新成為學術界討論的對象，首次真正論及柏拉圖的生活，著作及其全部思想，也因此對於柏拉圖和亞里士多德二者作了比較，這種思想的衝突，有人主張柏拉圖，有人主張亞里士多德，後來是柏拉圖的學說得勝了。主要的是柏莎里昂樞機主教的影響，因為他崇拜柏拉圖的學說並不過分，也特別看重亞里士多德的「形上學」學說，同時提出柏拉圖和亞里士多德的兩種哲學在原則上並沒有衝突，設法把兩位大哲都看為是希臘時的大思想家，雖然位置不同，但是份量上卻同等的重要。

柏莎里昂樞機主教提出這種主張之後，可以說是把當時對於柏拉圖和亞里士多德之爭平息了下來，兩派開始攜手合作研究這兩位大思想家的「原始資料」。收集他們的生平、著作，然後研究他們的思想體系。

從柏莎里昂影響下來的還有費機奴士 (Marsilius Ficinus, +1499)，後者是佛羅倫斯學院的主持人，極力完成柏拉圖的拉丁文譯作，於是柏拉圖學說在近代哲學中奠定了基礎。費機奴士又翻譯了普羅丁 (Plotinos) 的著作，使近代哲學不但有柏拉圖的系統，而且有研究柏拉圖思想的方法，那就是「直觀」，柏拉圖哲學在哲學史中常會與神秘主義或宗教氣氛連在一起，由於別人把柏拉圖的學說，用普羅丁的哲學去註解。

在佛羅倫斯學院中，特別出名的有米蘭多拉 (Giovani Picodella Mirandora, +1494)，他一方面注重自然宗教的境界，一方面又強調人性的無限；所以他開始的時候特別討論「個人」，是一個很具體的人文主義者。他在強調人性的無限之時，又強調人性的整體性。他著名的作品《論人之尊嚴》(*De dignitate hominis*)，在此書中，他一方面提出人的渺小，同時又提出人的偉大，人的渺小是相對於整個大宇宙而言，他的偉大是由於他的「思想」，他可以利用自己的思想，衝破空間走向無限，突破時間走向永恆。而且因為「思想」可以吸收新的東西，這種本身「有限」又隱藏著「無限」的求知慾，也就是後來整個近代哲學為學的一種本錢。

因為人有求知慾，所以能夠超越世界，而且同時能夠超越自己，這種超越世界和自己，是發展和進步的最高峰。米蘭多拉在這種思想中，特別指出人是地上的「神」(**Deus in terris**)。所謂在地上的「神」，就是人的渺小固然為宇宙所侷限，可是人的能力和神一樣。在這個地球上，精神在物質當中，如此幾乎可以說他是奠定了西洋近代的人文思想，他甚至可以說「神應當死亡」，好讓人在地面上發展。

復古運動的另一特色，就是當時羅馬不但接受希臘原典的著作，也有一些學者把多瑪斯的一些哲學著作譯為希臘文，這麼一來，學者們就可以真正懂得中世對希臘的一種體認，在那些地方是足夠了，那些地方是過於或不及。這種翻譯的工作，可以說是使得希臘和中世的思想開始交流。這種交流所產生出來的，是近代哲學最主要的成果。因為在羅馬所發生的復古運動中，最值得注重的是如何使柏拉圖和亞里士多德的思想融通，如何使一個大的哲學問題，柏拉圖站在某一立場，而亞里士多德站在另一立場去看，最後兩位思想家同時都解決了一個問題的整體，只是每一個人解決了問題的某一部分。

當多瑪斯的思想也參與進來，使得我們可以發現究竟希伯來的文化體系，在哲學的思想上能夠擔任何種角色，在希臘哲學提出的每一個問題，希伯來民族提出何種意見。無論是宇宙或人生的問題，這種拉丁文和希臘文的著作互相對調的翻譯，使得近代思想對於古典思想有更清晰的認識，這是「復古」運動中最主要的成果。

最先作此種工作的是古多內斯 (Demetrios Kudones, +1400)，他翻譯了《哲學大全》(*Summa Contra Gentiles*) 以及《神學大全》(*Summa Theologica*)，並且把這兩部著作設法運到雅典去，因此在雅典或羅馬，他們不但開始研究自己的哲學，而且也研究別的哲學，於是當時有一種比較哲學的研究，使得新的學說在統一復古運動的學說中具有更有效的作用。

不但在義大利，在德國也慢慢地出現了亞里士多德主義，首先有梅蘭東 (Philipp

Melanchthon, +1560)，雖然在近代哲學開始的時候有宗教改革，有馬丁・路德反對亞里士多德的形上學，梅蘭東本來是宗教改革家，不敢對亞里士多德的形上學發表任何意見，可是轉而討論亞里士多德哲學中的一些形式，然後以具體的生活代替抽象的形上學。

畢竟梅蘭東在德國開始了亞里士多德哲學運動的道路，這種運動道路和義大利的思想慢慢地聯結起來，後來英國的學派提出經驗主義之後，經驗主義的學派的方法大部分是利用了亞里士多德「物理學」的研究方向，使得西洋近代哲學更接受希臘古典的方向。盡量排除宗教信仰的因素，不但是在義大利，英國和德國有了這種思想的變遷，同時法國的亞里士多德主義也開始了進展，尤其在巴黎出版了《古撒奴士全集》(1514)，由古撒奴士，透過多瑪斯而終止在亞里士多德學說中。如此整個歐洲的學術機構，都開始以復古的方式研究古典的哲學，這些古典的哲學包括柏拉圖和亞里士多德，同時亦包括十三世紀的多瑪斯哲學。

當然在這些創新和復古的運動中，有部分學者反對亞里士多德和柏拉圖、或多瑪斯，但是慢慢地這種反對也就消聲匿跡了。其它的學者都站在學術的立場，研究古典以及中世的思想。

在「復古」運動中，比較傾向於希臘的柏拉圖和亞里士多德思想的就形成「人本主義」，而比較傾向於中世思想、宗教哲學的就形成「神秘主義」。在「復古」此章中，分為兩節討論「復古」思想的內容。

第一節 人本主義

文藝復興的哲學，最主要的啟發，是近代的一些思想家，能夠跳過由希伯來宗教信仰所影響的一千多年的中世，而回到古典希臘的原始思想的情況下。這種跳過以「神」為中心的中世思想而回到以「人」做中心的希臘思想中，也就是「人」的重新發現。同時文藝復興的時代，希望透過「人」的發現，去發現「世界」，甚至透過「人」的發現，去認識「神」，對「神」有一種新的估價。

更主要的是指出發現「人」，發現「世界」，以及批判神學的方法。中世哲學當然是以「神」的意旨做中心，去研究「人」的問題，也以「神」做中心，研究世界的問題，甚至仍然以「神」做中心，研究神學的問題。在人本主義運動方面，主要是方法的不同，近代哲學走了兩條不同的哲學道路，一條是人本主義的，以「人」做根本、基礎，同時以「人」做中心而研究一切的學問；另一條路是自然科學的路，以實驗的方法證明所有的學說。人本主義是發展自我，而自然科學是征服世界。

這種「發展自我」和「征服世界」，就近代而言，是相輔相成的，不只是相輔相成，而且是兩種箭頭並進。可是，如果我們往深一層去想的話，「發展自我」和「征服世界」的工作需要個別地進行，因為自然科學的發展，不能夠代表人本主義的興起，人本主義的提倡也不表示有自然科學的發展。「人」本位的哲學思想，並不因為有自然科學的成果，而提升了人的尊嚴和價值。到目前為止，我們能夠看到很多的自然科學的發展，正是污蔑了人性，使人性走上末路。

所以這兩種方式，固然在近代哲學開始的時候，有很多學者走了錯誤的方向，以為發展自然科學就是發展「人本」，事實上這兩種學說應該分開來討論。文藝復興中的人本主義有一個重心，就是在於認識自己，使自己得以在征服自然的工作上發展和進步。可是這種認識自己，是認識自己的能力，並非認識自然的內容，認識自然的內容方面，則必須發展物理學和數學。在當時因為人類可以利用玻璃的發明，使得人類的眼界在以前微小的看不見的，遙遠的看不見的，現在都看得見。物理、數學、化學的發展，慢慢地使人不但開始在具體的實驗室中研究自然，而且也在理論上發現物質存在的原理原則，他們要知道物質的結構和天體的運行，因此有天文學的發展，也有物理學的發展。

然後在這些發展之外，慢慢地人類發現有某種程度的物質生活需求之後，覺得人性主要的還是精神生活。因此所注重到的人本精神，人與人之間的關係，人與群體之間的關係，人與自由的關係慢慢地也提出來討論，這也就是人本精神的所在。

近代哲學的起點是「人」，很可惜的是它的終點也是「人」。這麼一來，究竟它的發展在那裡？它的進步在那裡？如果說它的發展和進步只在自然科學，那麼它的人本精神究竟在何處？是在物質生活的滿足，還是精神生活的滿足？所以當近代哲學，自然科學即「手」的運用，如果趕不上「腦」的運用的時候，則近代哲學仍然走進理性主義或其它的思考法則裡，以思想為存在的法則，似乎回到中世或希臘的思想法則中。

我們就近代哲學發展的跡象看來，可以證明實驗永遠趕不上思惟，即人的兩隻手永遠趕不上人的腦筋。因此大概亦可說明精神的活躍比起肉體的活動快得多，也就因此人性在精神上的需要比物質上的需要來得多。人本主義的優先，在近代哲學的根基上，雖然有人嘗試著使哲學科學化，但是最後還是科學成為哲學化，使得精神的價值和尊嚴高於一切物質的價值之上，這種以「人」為中心的哲學努力，構成近代哲學的整體思想。不但是從理性主義和經驗主義，在科學方法的運用上，最後還是覺得並不能夠完全發揮人性的能力，最後還是必須回到人的思想、精神的原則上，於是有道德哲學的出現，有觀念論、宗教哲學和藝術哲學的出現。

不過，在人本主義的復興中，畢竟發展了一個新的可喜的東西，就是每一個個人開始討論自身的問題，每一個個人開始注意自己和世界的關係，每一個個人開始注意和他人、國家和其它民族的關係。

一提到以「人」為中心的問題，在西方思想中，馬上想到倫理道德的問題，倫理道德的問題在西洋哲學的演變中，最主要的當然是羅馬帝國時代的哲學，也就是司多噶學派和伊彼古羅斯學派，關於這兩派思想的復興，也有特殊的貢獻。最主要的有利西武 (Justus Lipsius) 著了《司多噶哲學導論》(*Einführung in die stoische Philosophie*)，在十六、十七世紀的思想當中，司多噶學派的倫理道德的觀念，由於人本主義的提倡而達到高峰。利西武在此書中特別強調司多噶學派倫理的觀點，人要發展自己，要使自己有進步的話，就要在倫理方面發展。這種思想，影響到後來的蒙田 (Montaigne)、查郎 (Charron)、培根 (Bacon)、笛卡兒 (Descartes)、蘇比諾莎 (Spinoza) 等人。

除了司多噶學派的道德觀以外，其餘的就是伊彼古羅斯學派。賈笙 (Pierre Gassend) 著述《伊彼古羅斯哲學初談》(*Syntagma Philosophiae Epicuri*)。他開始的時候，雖然贊同原子論的傾向，但是這種唯物必須經過發展和進步，到人的精神價值的尊嚴的肯定，從這種精神的肯定，就能夠把握人對物的一種關係，這種精神和物質同時在人的身上發現，慢慢地導引出近代哲學的本體論。

在近代哲學的人本主義的發展中，還有一個有興趣的事情，它們不但注意方法的問題或內容的問題，還特別注重表達這種內容的方式，那就是修辭學。以為修辭屬於人類的藝術，而人類精神的高峰，是要以文雅超凡的言辭來表示自己對大自然的欣賞，對自己的體認，以及人與人之間的交往。甚至希望在優美的詩歌中表現文化的發展和進步。關於此點，有數位思想家在努力：華拉 (Laurentius Valla, +1457)，亞吉利可拉 (Rudof Agricola, +1485)，伊拉斯慕 (Erasmus v. Rotterdam, +1536)，衛武士 (Ludovicus Vives, +1540) 等人。

第二節　神秘主義

在文藝復興哲學的復古的潮流中，人本主義是恢復到希臘的人本，恢復到希臘的思想方法，並且企圖回復到希臘的思想內容中，也就是說，透過「知物」的一種體驗而「知人」和「知天」；神秘主義則是恢復到中古時代的宗教情操。如果說人本主義所注重的是人的理性，所依據的也是人的理性的話，神秘主義就是依靠人的情感和人的感受，希望透過人自己內心說不出的一些感受，用來解釋宇宙的真象以及人生的奧秘。

神秘主義的提出，指出西洋在近代哲學的復古運動中不但對希臘的哲學有興趣，同時對人生最古老的問題，也就是在人和宇宙背後究竟隱藏了什麼真理的問題同樣發生了興趣。這種興趣走上極端之後，就會走上神秘和宗教，這種宗教的解答或神秘的解答，也算是哲學智慧的一種，此項特徵在近代哲學初期，尤其是在近代文藝復興哲學中可以找到，列為近代哲學的一種特徵。雖然後期發展的近代哲學，慢慢地消逝了這種神秘的情操，可是到最後發展到哲學的高潮，用一切去衡量一切的時候，神秘的一種看法又恢復了原來的面目。

這種神秘主義的看法，由於不注重理知的分析，由於不能夠以一種客觀的，有系統的態度來解釋，所以在介紹神秘主義的學說之時，很難分成幾個派系或宗派，而只能提出他們每一個人對自己生命的體驗以及對宇宙的看法。在這些神秘主義的學者中，提出五位比較著名的：

一、帕拉謝蘇

帕拉謝蘇(Paracelsus, 1493–1541)出生於醫生的家庭，自己亦繼承父業為醫，從小喜愛觀察自然。在大學期間，深受新柏拉圖主義的影響，開始研究生物，以為大自然比所有的書本更能給予人們最真實的學問，更能解釋宇宙和人生的奧秘。生平旅遊各地，讚嘆大自然的偉大，足跡遍及亞歐各國。其學說分別介紹如下：

(1)知識論

帕拉謝蘇完全注重「經驗」，尤其是看重感官經驗，認為自己身歷其境的一種體驗、學識，比其它任何的知識來得可靠，認為做學問的基礎，就是要依靠我們親身體驗到事物的本身，因為帕拉謝蘇認為只有經驗可以得到知識，因此認為感官的經驗、思想的經驗，甚至信仰的經驗，都可以幫助我們認識自己和世界。由於他把經驗分為三種等級：感官的經驗，思想的經驗以及信仰的經驗，因而他的知識論也有這些等級的劃分。

他認為常人的經驗，都是由於人的感官知識，這是最低的知識，它必須受到物質的限制，沒有物質，沒有感官作用，它就沒有知識，因此知識的標準，只是停留在感官知識的範圍。比這個感官知識高一層的，就是思想的知識，這種思想的經驗，可以用數學的法則、物理的法則來做學問，也就是說以數理的原理原則做學問，這種知識的領域，帕拉謝蘇稱他們為地上的哲學家。更高的一種知識，就是天上的哲學家，可以完全脫離物質的束縛，甚至可以超越理性，達到神的啟示的階層。所以在知識論中最高的知識，還是神的啟示的知識。

一般人只達到經驗的常識，地上的哲學家達到思想知識的層面，唯有天上的哲學家生長在信仰的氣氛中，因此在每一層的經驗世界，需要每一個人自己親身去體驗，無法以任何的理論去言談，所以一般人只有感官的經驗，無法和他們討論信仰的問題，也不可能討論哲學的問題，甚至和地上的哲學家，因為他們只有理性的經驗，也不可能談論信仰的問題，要談論信仰的問題，只能和天上的哲學家去談論，因為他們對於啟示有密切的體驗。

(2)宇宙論

帕拉謝蘇受到初期機械論的影響，讚嘆恩培多列斯(Empedokles)，認為萬物由四種元素所構成，那就是水、火、氣、土。這四元素不是物質，帕拉謝蘇認為是一種力量的描述。四元素本身是物質，但這物質不是本質，其本質是精神，物質只是表象而已。如此很顯然的，帕拉謝蘇又受了亞那撒哥拉斯(Anaxagoras)的影響，他把這兩種學說，即希臘早期唯心唯物之爭的兩種學說統合起來而加以討論宇宙，認為宇宙所有的存在是由物質構成的，但是使得它所以構成的秩序卻是精神的。

如此，帕拉謝蘇統合心和物，幾乎可以說抵達心物合一的一種想法。帕拉謝蘇又發現人和宇宙相等，人是一個小宇宙，在這個小宇宙中包含了所有大宇宙的元素。我們如果要認識人，也可以先認識宇宙，如果要認識宇宙的話，也可以先去認識人。

(3) 本體論

帕拉謝蘇跟隨新柏拉圖主義的學說，提出「全體先於部分」一說。他的本體論專門注意全體與部分的關係。柏拉圖提出「全體大於各部分之總和」的理論是屬於質量的問題，後來亞里士多德提出「全體先於部分」，而帕拉謝蘇跟隨此種學說，提出物質的時空的問題，提出生命在整個物質中的地位，提出所有物質到最後的現象都是生生不息的生成變化，都是屬於一種有生命的現象，帕拉謝蘇認為宇宙不是死的，而是活的，這種活的東西可以在我們的人生裡面看得十分清楚。

二、萊希林

萊希林 (Johannes Reuchlin, 1455–1522) 是德國的哲學家，而且是著名的神秘主義學者。他為學的方向，是盡量把自然科學與數學統合起來討論，並且把每一個字母和語言的象徵，用來比較整體的學問，可是在這種比較之間，他仍然相信《聖經》的啟示是最高的真理。因為他特別相信《聖經》，所以刻意研究《聖經》的文字，尤其是《舊約》的希伯來文，萊希林最大的貢獻是：把希伯來文帶進西方，使得後來西方在研究《舊約》方面，有一個很方便的工具。

三、內德斯坎

內德斯坎 (Agrippa v. Nettesheim, 1486–1535) 是德國的神秘主義哲學家，也是醫生、神學家；為學的方法跟隨了新柏拉圖主義神秘的學說，認為如果能夠認識自然，同時也可以認識神秘，所以他研究醫學和生物學有很大的成就。內德斯坎認為宇宙的存在，就是奧秘的存在，我們最理性的理性，也屬於最神秘的部分。

四、弗郎克

弗郎克 (Sebastian Frank, +1542) 否定一切語言可以表達出真理的說法，歷史、宗教、甚至《聖經》內的字句都無法表達真正的實在，所以他認為真正的宗教信仰是在於人內心的宗教情操，並非在於外面的言辭，一切的禱告和儀式，弗郎克認為那都是外表，真正的是在於人的內心，所以信仰是由人的內心的情操出發，從自己內在的與神交往的經驗中，講明宗教的意義。弗郎克是神秘主義中絕對「重內輕外」的典型。

五、波 姆

波姆 (Jacob Böhme, 1575–1624) 是德國哲學家。原為鞋匠，但是經過長期的思考，著述了有名的神秘主義的作品，當然他的哲學思想在開始的時候，受到帕拉謝蘇的影響，以自己內心的感受作為基礎。在他的著作中，他提出了四種原則：

以為人的心靈，才是真正認清世界真象，人生真象的一種指點：

(1)光照之路，以為每個人的內心都能直接與神交往，神的智慧直接照射人心的時候，人的心靈才能夠真正地稱為智者，才能夠真正地認識自己和世界，同時更能夠接受上帝的啟示，成為一個信徒。

(2)外在的一切只是象徵，思維的內容應該以「內在的」意義，不應該以外在的語言或繁文縟節所表示。

(3)一切的一切都是渾然成為一體的，甚至一切的對立和矛盾都能夠在高一層的領域中統合。波姆利用了帕拉謝蘇的大宇宙和小宇宙學說，認為「人」就是「宇宙」，「宇宙」同時也是「人」，在人的心中就可以發現全宇宙的奇蹟，在研究宇宙的每一個小問題中，也可以發現人生的真諦。

(4)外在的宇宙，其實根本上也等於內在的宇宙，而且一切都充滿了智慧。哲學史稱波姆的學說為「萬物有智說」(Pansophie)。

波姆的學說提出以後，和基督宗教的教義有很大的衝突，因為教會主張善惡二元永遠無法調和，是極端的二元論，但是波姆主張善惡二元終有一天殊途同歸，善惡本來就是一物之二面，如此就形成宗教和波姆的一個大衝突。

可是站在另一個立場去看，波姆提出了德國唯心論的最大問題：即相同的和相異的本來就是一體。以中國哲學的說法是，以「道」觀之，所有的都成為一體。此種學說，追求一切象徵背後最後的原因，在這個最終的原因中，一切所謂的是非善惡、真假對錯，都只是事物的表象，所有的對立和矛盾也只是事物的表象，而波姆能夠找出事物最終的真象，在這個真象中，沒有所謂的真假對錯、是非善惡，也無所謂美醜的劃分，這也就是神學主義在哲學上最大的貢獻，稱為「矛盾統一」或「對立解消」的學說。

在神秘主義所有的學說中，最主要的是設法把整個的宇宙視為一個動的、有生命體的世界，而人生存在這個動的、立體的宇宙中，只是一份子，而這一份子應該過一個屬於統一的生命，或屬於心靈的一個最高境界，能夠解脫物質的束縛，或解脫功名利祿的束縛，同時更可以解脫知識論上的是非之辯或對錯之辯。

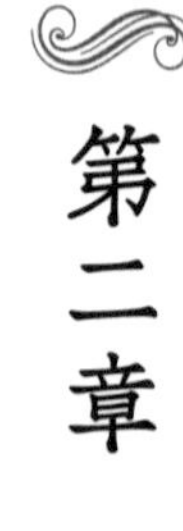

第二章　創新

「創新」在西洋近代思想中，佔有主要的地位。所有的哲學思想，在一個新的時代開始的時候，都有「創新」的表現，可是在西洋近代的「創新」中，有一個特殊的意義，就是發展在民族意識、個人主義、自由主義以及自然科學的分析和歸納的方法上。這些「創新」的意見，使得個人對自己的覺醒，使得個人對於自己的尊嚴和價值，有一種新的反省和認定，尤其是在人對物的觀察方面，人和團體的生活，意見上有很大的不同。相對於西方的希臘和羅馬或中世的時候，個人的存在價值和個人與社會之間的關係，在近代的革新聲中，有一個特殊的轉變，也就是個人獨立存在、思考，獨立決定事情的一種革新。

在這種革新中，我們可以看出西方對一種新的人文社會的嘗試，對自然科學的一種新方法的運用。以下分為兩節討論近代哲學中「創新」的思想，首先討論人文社會的問題，進而討論自然科學的方法。

第一節　人文社會

在西洋近代以「人本主義」的革新聲中，最先出現的是民族主義的意識。原來在羅馬帝國時代，也就是中世基督宗教政教合一的時代中，中央集權的政治社會制度，已經統治西洋一千多年之久，在這一千多年中，百姓習慣與整個的團體過一種共同信仰的生活，共同的人生觀；文藝復興時期，他們開始覺得個人存在的重要性，這種個人存在的重要性，不是由中央集權馬上到個人的存在，而是先透過民族意識的建立。所謂的民族意識，是指羅馬帝國的統治下，不是屬於羅馬民族的民族，尤其是德國、法國、英國、西班牙的民族，甚至義大利的，除了羅馬之外的一些民族，這些民族意識的覺醒，首先在宗教上表現出來，宗教上的表現，第一個就是德國的馬丁・路德 (Martin Luther, 1483–1546)。

馬丁・路德首先提出為什麼我們禱告、我們與神的交往、我們看《聖經》就得用羅馬文，為什麼我們不能以母語和上帝禱告，因此他在宗教的改革上，率先以德文翻譯《聖經》，把《聖經》從羅馬文翻譯為德文，站在宗教方面而言，是宗教的改革，但是站在文化、哲學的立場看來，則是民族意識的高漲，是脫離羅馬帝國中央集權的一種方向，一種革命性的行動。跟隨著馬丁・路德而來的是歌德 (Goethe, 1749–1832)。

歌德用德文寫他的詩歌，在英國方面也有莎士比亞 (Shakespeare, 1564–1616)，用英文寫他的戲劇，還有在西班牙的《唐詰哥德傳》，也用西班牙文寫成，甚至在義大利的但丁 (Dante, 1265–1321)，也以義大利文寫了《神曲》。這種民族意識的產生，使得西洋的中世帝國慢慢地沒落，這種沒落站在中國文化的立場看的話，它們是文化的一種沒落，因為嚴格說來，西洋沒有文字、只有語言。因此當西洋的這些語言以它們拼音的表現方式，以母語的運動分裂了西洋的整體性之後，呈現出一種分裂的現象。義大利人到德國去，不但語言不通，就是寫出來的，德國人也看不懂。不像我們中國有一種文字，雖然以前的南方人到北方去語言不通，但是寫在紙上的文字，仍舊可以溝通一種思想。

西洋這種民族主義的興起，可以說，在他們的人文社會上是最根本的一點，從這一點上使得他們的民族開始慢慢地分裂，而這種民族的慢慢分裂，由於語文的特性，使得他們的文化漸漸地向著不同的方向發展，造成了今日西洋很小的國家，也使得他們相互之間有一些文化上的不同，語言的不同，所以宇宙觀、人生觀的意見也隨之不同，這也就是哲學發展不同的所以然。

從民族主義再發展下去的，就是個人主義。因為相對於中央集權的羅馬大帝國而言，民族意識是一種中央集權的分裂，但是談到民族的一種國家運動，相對於個人的覺醒而言，就成了個人主義。一個個人跟隨著民族、國家的獨立，就會意識到自己個人和別人之間的關係，國家無法決定他個人的命運，他自己要選擇自己未來的生活，這種個人主義的發生，對獨立思考而言，是很有益處的，但是對於整個國家社會、民族文化的生命卻有很大的阻礙。相對於西洋一千多年來的統治，都是屬於中央集權的方法，現在這種個人主義的誕生，使得他們在每一種學術上的討論有長足的進步。從個人主義直接導引出來的就是自由主義。

自由主義的方式，由於西洋在文化的根本是屬於奧林匹克的精神，屬於競爭的精神，在競爭中失敗的，在個人方面就變成了奴隸，在國家民族而言，就成為殖民地；因此無論是奴隸或殖民地的人們有民族意識者，慢慢地開始講求自由。這種自由主義的誕生，不只是由個人出發，也影響到民族，就個人而言，要使自己奴隸的階層成為主人的階層，要自由、解放。就整個民族而言，是要脫離帝國主義的侵略，脫離屬地的情況，而進入自由自主的政治社會狀態。

所以，在西洋近代哲學開始之後，從文藝復興起，所有的國家和民族紛紛脫離中央集團而獨立，紛紛脫離帝國的統治。在個人方面，慢慢地爭取到自由，尤其是一些工人或奴隸，慢慢地學習如何講求自己生存的權利，如何在人的尊嚴和價值上，爭取個人生存的模式。從這個自由主義出發，就論及個人與國家的關係，此種個人和國家的關係，許多學者在這方面提出許多寶貴的意見，在理論上，他們要尋找宇宙和人生的奧秘，這種奧秘固然由神秘主義替他們解決了，但是在具體生活上，仍然需要作一種解釋。

在神秘主義的探討中，我們都知道個人是屬於宇宙中的一份子，可是在「創新」的人文社會的思想中，個人有其獨立性，雖然屬於整體，但是無法減弱其獨立存在的資格。因此，在具體生活中，要提出究竟國家社會和個人之間有那一種關係。

西洋的哲學從柏拉圖的理想國開始，一直到羅馬大帝國，甚至到中世的政教合一，都在發展群體的生活，個人的存在，在社會國家中幾乎並非十分主要，國家法律才是至上的權威，這種權威性加上封建的信條，致使中古建立一個十分龐大的封建社會。文藝復興興起，在近代哲學開始之時，即個人思想、民族意識的覺醒，一些先知先覺之士，慢慢地發現個人的價值和尊嚴，就從個人的價值和尊嚴的肯定以後，再去肯定國家民族意識的重要性，再肯定整個宇宙的統一性。

因為這種個人地位的發現，就產生了個人主義和自由主義，同樣地也產生了另一種型態的國家主義，即民主與法治。這種民主和法治，可以說是代替了以前的群體主義和封建的社會，這種個人存在的認定，並非指出人可以脫離國家社會而存在，而相反地，國家社會的存在是為了個人。此種哲學的特徵，可以說是由個人的價值和尊嚴的認定開始，從這種認定，再去肯定國家社會，並非反過來，先去肯定國家社會，再去肯定個人。此期的代表有好幾位偉大的思想家必須特別提出：

一、馬其亞衛里

馬其亞衛里 (Niccolo Macchiavelli, 1469–1527) 是義大利人，曾任佛羅倫斯城市府秘書，對政治很有興趣和心得。在個人與國家的意見上，否定了傳統的倫理，也就是否定了傳統認為個人屬於國家民族的倫理規範。以為以前所謂的家族的教育，或國家民族的意見都不是正確的，真正確定的是談論個人成為國家民族社會的一份子，而在這一份子與另一份子之間的共同合約，才形成一個國家或社會。所以馬其亞衛里非常反對柏拉圖的理想國，而特別重視當時社會所主張的民主與自由的生活。

他認為人與人之間的實際生活的環境，才能夠真正地陶冶出善良的人性，認為「家貧出孝子，國亂顯忠臣」的原則，可以真正地作為人與社會之間關係的借鏡。覺得亂世必須用重典，因為在亂世中，忠烈之士有表現自己的機會，如施行重典，受害的只是一些壞人，善人仍然不犯法，可以得到法律的保障。本來所謂的善惡，馬其亞衛里認為那只是相對的事情，所謂的好與壞，也只是在社會中當時的情景，大家都以為是這種情形的，那就是好的，大家都反對的，那就是壞的。可是這種原則，社會可以經過「事過境遷」而變動的，政治不是哲學，它只是要把握目前的情形，把握住當時以為的善就可以了，哲學要追求永恆的善和永恆的真。

所以馬其亞衛里認為在政治生活上，應該與哲學分開，因為政治就是人生在社會中所有的表象，因此他認為在談論社會的時候，不必枉費心機去追求哲學的原因，只要把握住現實，只要能夠改造現實。

馬其亞衛里在人性論中，認為人性是惡的，因此當政者自身必須兇惡，不能夠有仁愛的思想，不只是要兇惡，而且要殘忍，致使百姓害怕而守法；以仁愛治天下的學說只是理想，不是現實。此外還以為，政治上最壞的是不善不惡，沒有敢於做惡的決心。宗教的「愛」、「恕」，政治上並不適用。宗教是否應被消滅，馬其亞衛里對它存而不論，可是總是認為宗教所提出的仁愛，對社會沒有裨益。

所以他的結論：國家就是權力。在這種國家觀中，個人的權力變成了統治者利用的對象，個人的存在雖然不是直接說是為了國家，但他的生存卻是為了統治。馬其亞衛里這種政治的主張，影響西洋的政治思想相當嚴重，因為強權就是公理的原則，使得西洋原本有的奧林匹克競爭精神的政治思想，更形囂張。

二、波 登

波登 (Jean Bodin, 1530–1596) 是法國人，他的學說跟隨著馬其亞衛里，以為國家的權力就是最高的權力。所以每一個個人的存在，只能為了國家，可是國家中的個人權力，即當政者，就是國家最高的權力，他有個人的尊嚴和自由，其它國家內所屬的百姓，都是屬於國家，他們的存在都是在國家社會之下，他也主張以強權代替公理，以權力來統治，用法治、嚴刑峻法使得人民順服。

三、莫 爾

莫爾(Thomas More, 1480–1535)是英國人，著有《理想國》(*Utopia*)一書。

莫爾曾任英國皇家最高法官，因信仰與教會間，政治與教會間衝突而犧牲了性命。他最主要的學說，是主張財富均等，人與人之間應和平共處，反對戰爭。同時在經濟學上，看清了國家的財源都是來自百姓，所以認為當政者不可為了強國而奴役平民，不應該為了國家的富強，而使人民生活無著，所以站在人性的立場，認為人工作的時間，應該越少越好，其餘的時間可以過精神生活的享受，首先主張每一個人每天工作六小時，只工作六天，第七天應該有星期天的休息。

莫爾甚至主張廢除死刑。但是重犯必須施行勞役，因為勞役不但可以懲罰罪犯，同時對國家的建設有很大的幫助，在宗教信仰上，他提倡信仰自由，但是國家應該以納稅人的錢為國家建立教堂，會所，給予人民集會之地。

因此莫爾在政治的理想上，崇拜柏拉圖的「理想國」，他反對馬其亞衛里的思想，以為應該以「善」的觀念來統治國家，統治者應該以仁愛的行為統治，應該以德服人，不應該以強權、嚴刑峻法來治理國家。

四、覃帕內拉

覃帕內拉 (Thomas Campanella, 1568–1639) 是義大利人，依照柏拉圖的理想著述了《太陽之城》(*Civitas Solis*)，主張人與人之間應該完全過一種共同的生活，不許有私有財產制度。在整個的太陽之城中，一切都向著永恆的觀念，因此主張回到古代的君主政治制度，由一位非常賢明的君主，可以代替「至善」，出來領導百姓和國家。

因為覃帕內拉有這種政治的理想，不符合現實的政治思想，因此只停留在思想的階段，在近代的思想中無法發生作用。

五、古律

古律 (Huig de Groot, 1583–1645) 是荷蘭人，他著有《論戰爭與和平之權利》(*De Jure belli ac pacis*)，在此書中指出戰爭有四個類型：個人與個人，個人反對國家，國家反對個人，國與國之間的戰爭。雖然有這麼些戰爭，古律仍然認為人性性善，因為人「肖似神明」(Similitudo Dei) 的緣故，他是上帝的肖像 (Imago Dei)。國法的基礎應該在「理性」和「善觀念」指導下訂立和實行。人與人之間的關係，應該是耶穌基督的仁愛。

六、霍布士

在這些個人與國家的關係中，我們特別要提出霍布士(Thomas Hobbes, 1588–1679)。

霍布士是英國教會的一位牧師之子。在牛津大學讀了士林哲學，後來成為一位貴族的教師。他在求學期間，常遊法國，自己攻讀了很多古典的哲學書籍，對權利與詭辯的學問很有興趣，在巴黎之時，曾經結識笛卡兒(Descartes)，辯論甚久，並且一同校對了笛卡兒著的《沉思錄》(*Meditationes*)。一六三六年脫稿名著《哲學元素》(*Elementa Philophiae*)，在此書中，很顯然的是唯名論思想的信徒，同時特別關心唯物論的動向，自己也成為唯物論者，後來他用這些唯名論、唯物論以及權力至上和詭辯的學說，在政治漩渦中打轉，最後仍無收穫。

霍布士學說中最主要的，是提出「經驗」為各種學說中唯一的基礎。他要用「經驗」來解釋一切哲學的問題，他要把整個世界中存在的精神除去，只承認物質的存在。他認為唯有如此，才可以解決心物間的衝突。一切的能力和表象，都是肉體的和物質的力量，人除了物質以外，根本沒有東西存在。一切的東西都可以用機械的原理來解說，以為人就是肉體，因而根本無所謂自由和善、惡的問題。

宗教也不是哲學，它只是國家的法律，甚至強調人根本上就等於禽獸，所以提到人與人之間的平等，並非由於人有什麼尊嚴和價值，人與人之間的平等那是因為大家都等於禽獸，人與人之間的關係，於是成了互相欺騙、互相利用和詐取，所以霍布士說：「人與人之間的關係，好像豺狼一樣。」(Homo homini Lupus)

就霍布士看來，一切的存在都是物質，一切的表象都是物質的運動和變化，因此一切的一切都有同樣的價值，無所謂精神的價值或物質的價值的分別。在他的知識論中，他提出思想和外在事物的關係，也就是主體的思想和外在的客體存在有什麼關係。他認為我們所提出的名字只是符號，而不是事實。如果單單靠思想，無法認識事物，因為思想只能抵達觀念，而觀念並不是事物，如此他認為主體和客體之間有了一道鴻溝，永不相通。

因此他為了挽救知識的成立問題，就否定心靈的存在，而只承認客體的存在，否定了精神的存在，只肯定外在事物的存在。人類是透過一個名目去認識外在事物，所以他回復到中世時代的唯名論立場，認為所有的思想和精神作用，只不過是物質的運動而已。因此就霍布士而言，客觀的外在世界有伸展性，有大小、運動等，都是物質性的東西；主觀性的，其實只是物質的神經系統，運動變化而已。因為自然的現象運動變化是機械的，是數學的，是沒有目的性的，因此所有的心靈作用，因為它的起源是物質作用，所以就沒有目的性可言，只有機械性、唯物性。

思想的來源經由感官，感官帶來的是感覺，感覺只有「快樂」與「不快樂」之別，沒有真假之分。所以我們如果提到真的知識的時候，只能夠說是快樂的知識，那麼如果是假的知識的話，那就是使我們感到不愉快的知識。如此霍布士把知識完全看成主觀的，而這種主觀又完全是唯物的。

正因為他的知識論中，強調心靈的物質性，所以他的倫理道德很自然的會採取自然主義的見解。認為覺得快樂的就是善的、覺得痛苦的就是惡的；因此人生根本上無所謂自由可言，只要和禽獸一樣去追求快感，去追求幸福，那就是人類人生的目的。所以他覺得人的本性和自然界的禽獸相同，完全是弱肉強食，人性和獸性同相，是性惡的，是利己主義的，是自私的。人和人之間的關係是豺狼，互相吞食，互相陷害。

有這些人和人之間所組織的社會也是如此情形，認為國家集合了所有的人與人之間的關係，所以用「巨獸」(Leviathan) 來表示國家的存在，表示國家的權力其大無比，可以吞食其它的一切禽獸，因此國家根本是一個最大權力的機構，無所謂「許可」或「不許可」的倫理觀念，它只有權力，權力就是一切。

霍布士的學說，他也就是先否定了精神的價值，必然會走上弱肉強食的社會觀感。這種觀感漸漸地導引出「強權就是公理」，這麼一來，人與人之間的互助真理，或是涉及為人的道德觀念都被否定了。霍布士這種思想，慢慢地導引出英國的進化論，同時也補足了後來德國的唯物論和共產主義，形成對人性的一種污蔑和諷刺。

第二節 自然科學

文藝復興的內容，內在的是發展個人的意識，脫離群眾的信仰，脫離系統的信仰，而用個人內在的自由以及個人主義的方式去過一種生活；在外在的文藝復興的內容上，就是發展了自然科學。這種自然科學，不再以神話或幻想去征服自然，而是以物質針對物質的方法，即以製造工具的過程去征服世界。

自然科學當然以物理學開始，也就是說西洋開始發明玻璃，玻璃的發明使得人的眼睛擴大與拉長，以前看不見的遠距離的事物，現在可以用望遠鏡把距離拉近而看清，以前太微小的事物看不見，現在也可以用顯微鏡把它放大而看清；因此這種物理學的發明，推動了每一個個人的思考。

如果我們說希臘哲學或中世哲學所討論的問題，都是用思考的方式，去探討質料的問題，用抽象的方法去思想，到了近代，所有思考的問題都到了具體的問題，尤其是到了量的問題，這個量的問題的方法，就是近代自然科學所發展的方法。這種方法最早是由法蘭西・培根寫了《新工具》一書，《新工具》的意思是針對亞里士多德的《工具書》而言，亞里士多德的方法是用「演繹法」，以抽象的方法演繹到其它更抽象的地方去；而培根的方法是「歸納法」，用分析，而分析出來的，再以歸納得到一種知識。

用這種具體的實驗方法，用這種看得見、摸得到的具體資料當做是思考的對象，也因此漸漸地發現「人在宇宙中」有特別的，以前沒有發現到的新的意義。

自然科學最先發展的是自然科學家的推動，發源地是義大利，有賈他奴 (Hierorymus Cardanus, +1576)，德萊西武 (Bermhardinus Telesius, +1588)，帕特里其武 (Franciscus Patricius, +1597) 等，他們都在新柏拉圖主義中打轉，以柏拉圖的宇宙論作為自然科學的藍本。他們的學說，通常是觀察自然，尤其是觀察天文所得到的。在這些自然科學家裡面，我們可以舉出很多思想家，其中有關於宇宙內容的觀察，其中亦有關於宇宙運動變化原則的探討，更有關於物理、天文或自然的法則。

在自然科學的革新中，最主要的是科學的方法與科學的內容兩個問題。科學的方法，就是從以前的演繹法到現在的歸納法，從以前抽象的方法，到現在分析的方法。在內容上，則有天體的革命，以及物理的革命。我們現在分門別類地個別介紹每一位自然科學家在當時的貢獻：

一、哥白尼

哥白尼 (Nicolaus Kopernicus, 1473–1543) 是天文學家，於一五〇六年著《天體革命》(*De revolutionibus orbium caelestium*)，此書死後才出版，主張「地動說」和「太陽中心說」，把以前所認為的地球不動，而太陽繞著地球走的學說推翻。

二、布魯諾

布魯諾 (Giordano Bruno, 1548–1600) 是義大利人，先入道明會，以後還俗。週遊各地，因學說與教會衝突，一五九三年被解至羅馬，七年監禁，不屈，最終被焚死。

以哥白尼的「太陽中心說」為出發點，同時提出太陽為中心，並且與別的太陽系構成一個無限的宇宙。布魯諾的無限觀念指出物體的無限，不再是神的影像，而宇宙本身的無限，就是神。因此他所提的學說，雖然只在天文方面，但是涉及宗教裡的泛神論，因為他提到宇宙無限，因此宇宙仍是一體的，最大的和最小的宇宙仍然是一樣的，大宇宙的一切與小宇宙有同一的原理，他以為宇宙的特性就是「唯一」的。

本來在中世哲學最後的一位哲學家古撒奴士 (Cusanus) 已經指出宇宙的無限，因為宇宙的無限，所以宇宙中的每一個天體、每一點都可以做中心，以其半徑去劃那無邊無際的宇宙，可是古撒奴士所謂的無限，只是神的影像，並不是真實的。布魯諾的無限卻是指出物體的無限，物體本身就是神。這個問題本來哲學上，是一與多、異與同，有限與無限、內存與超越的對立問題，可是布魯諾又考慮了一種新的意義，是以精神與物質一體，神和世界是唯一的新的觀點。

所以布魯諾的學說，直接摧生了自然科學，哥白尼的《天體革命》也提供了自然科學革新的一條路。

三、開不萊

上面提及的哥白尼和布魯諾都停留在理論階段，從開不萊 (Jahannes Kepler, 1571–1630) 之後，正式地開始了自然科學的實驗。

開不萊發現行星三大運行律：

一、以橢圓形軌道繞日而行。

二、同時間、等距離的行星繞日運行有同樣的軸距。

三、行星運行時間的平方等於自身與太陽距離半數之三次冪。也就是說，一個行星週期為二十七年。

那麼開不萊在哲學上的貢獻，是把數字中調和的現象應用到思想中，以物質的感官對象性和思想律中定理作一比較；使思想與對象間關係的建立有新的發展。也就是說，使思想與存在間有新的意義和關係。因此，就這種情形看來，開不萊雖然是一個科學家，但是他的科學有哲學的基礎。

四、迦利略

迦利略 (Galileo Galilei, 1564–1642) 在米蘭教堂中發現聖體燈之擺動規則，因而闡明了擺動律。在天文上則用望遠鏡發現木星之衛星運動。除了擺動律之外，說明了慣性定律，除非有外力的加入，所有的物體，或者是靜止不動的，或者是直線運行。迦利略的這種發現，使得自然科學站在哲學的立場，提出了很多的定律，尤其是關於方位運動方面的定律。

五、賈　笙

賈笙 (Pierre Gassend, 1592–1655) 主張機械原子論，宇宙的一切發展靠原子的變化、機械式的變化，也就是說，每一種物質的東西，自身有一種生成變化的能力。而這些變化的能力，和物質的本質有關，用不到外來的能力，即每一種物體的運動和變化，都是由自身的能力出發，不是靠外在的能力去指使。因此他反對目的觀的宇宙論，主張機械式的命定論。

六、貝 例

貝例 (Robert Boyle, 1627–1691) 注重化學研究，以為「法則」才是自然的根本，因此他所注重的問題，是從自然科學「質料」的研究，回歸到「形式」的研究。如此，在貝例的學說中，特別注重公式，但是這種公式並非由亞里士多德以來的演繹的法則所得出來的，而是以歸納的方式所得出來的形式。

七、牛 頓

牛頓 (Isaac Newton, 1643–1727) 由蘋果墜地的現象的觀察，發現萬有引力定律。因為這種「引力」的發現，「運動」現象以及自亞里士多德以來，透過聖多瑪斯之運動說都成了疑問，不但使以前的物理學改觀了，而且在哲學上討論運動的定律也就慢慢地改變。運動的因果關係，不再是「動」與「被動」之間的單純關係，而是物體與物體間本身就有引力，這引力足以使物體運動或靜止。因此討論物理的現象，討論物與物之間的關係的時候，首先必需要注意到的，不是物的本質，而是物與物之間的關係，它們相互之間的吸引或排斥。

八、法蘭西．培根

法蘭西．培根 (Francis Bacon, 1561–1626) 是發展歸納法的一位大師，他在自然科學的方法上，就理論方面而言，首先提出歸納法，就是我們的腦筋以分析的方式，在感官經驗的資料上，把它們分析得很細微，然後想辦法以歸類的方式把它們歸類出來。他同時認為學問以實效為目的，一切的知識都是為了達到目的的手段。因此他提出「知識即權力」(Knowledge is power)。培根以為我們不應該以別人的經驗或傳統的知識作為我們的知識，而應該以自己的經驗作為起點。

在一六二〇年，他著了《新工具》(*Novum Organum*) 一書，此書表示從亞里士多德《工具書》著作以來，他提出了一個完全新的方法；亞里士多德提出的是演繹法，是抽象的方法，而培根所提出的是歸納法，是分析法。

培根指出古代傳統的方法不夠，不但是不夠，而且還會有錯誤，認為新的方法、科學的方法，可以找到真的知識。培根指出過去應用演繹法的錯誤有四種，也就是有名的「四偶像」說：

種族偶像(Idola Tribus)：人人共同的錯誤。

洞穴偶像(Idola Specus)：個人專有的錯誤。

市場偶像(Idola Fori)：人與人之間傳言的錯誤。

劇場偶像(Idola Theatri)：學說推論的錯誤。

這四偶像，都是我們以演繹的方法而得到知識的那個時代，所遭遇到的錯誤，我們自己在錯誤當中，尚不自知。但是，培根認為我們應用歸納法，直接去觀察宇宙的生成變化，從歸納法當中直接去找出因果律的話，我們就可以避免上述的四種錯誤。用歸納法找出因果律的步驟，首先是「收集」(collectio)，次而「排棄」(exclusio)，收集所有的材料，排棄那些和主體沒有關係的部分，然後是「總括」(vindeminatio)，把與主體有關的，而收集到的一些東西，把它們歸納起來，成為真的知識。

法蘭西・培根除了提出《新工具》，提出歸納的方法以外，也在整體的哲學工作上做了一種分類；以為學術的工作不能夠越界，其分類表如下：

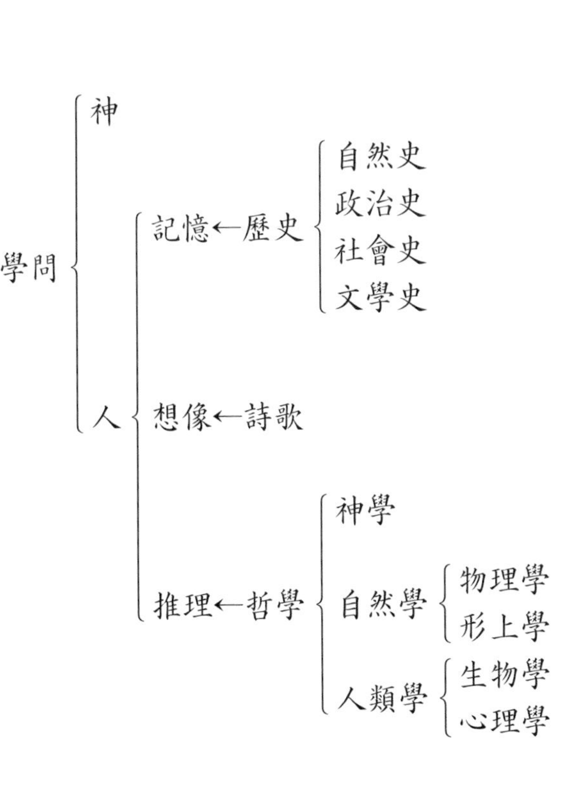

西洋近代哲學的自然科學的「創新」，使得做學問的方法以及做學問的內容都特別地發展了「知物」這個層次，使得人類能夠理解物理和數理的法則，使得人類能夠利用這個原則去發展物質世界和各種的物質文明。

第三章 信與知

在文藝復興的哲學中，雖然有反對或懷疑傳統的一種傾向，因為他們對自然科學的信賴，以為人擁有了這個世界，就可以不要上帝，以為人開始用人本的精神，就可以把人性中的神性除去；可是事實上，「信」與「知」這兩種認識人性的方法，仍然在社會間存在著。

往壞的一方面去看，當時開始了一些懷疑主義，懷疑主義主要的是針對傳統的哲學懷疑，對傳統倫理道德的懷疑，尤其是對信仰的懷疑，可是這些懷疑本身並非目的，它們只是方法，以為人透過懷疑，才可以真正地得到知識。

雖然在文藝復興的時代，一方面有懷疑，但是就另一方面而言，也有屬於傳統信仰的一面。屬於傳統信仰的一面，就是新士林哲學。這些哲學大部分是肯定人性的尊嚴和價值，在倫理、藝術、宗教的層次上，固然人有把握世界、認識物理、把握數理的一種能力，但是最主要的，不是要把握世界，而是要提升自己到倫理、藝術、宗教的層次上。

因此在文藝復興時代，關於人的信仰和理知的對立方面而言，我們要提出的，至少有兩種學派，一個是懷疑主義，一個是新士林哲學。

第一節 懷疑主義

就在「新」和「生」的動盪時代中，大家都相信自然科學的發展，可是對人性本身，對人文社會的看法，特別是針對人的尊嚴和價值的看法，以及人生存在這個宇宙中的目的和動機，起了很大的懷疑，這也就是所謂的懷疑主義。

懷疑主義有不少位代表，在此舉出較有名的三位：

一、蒙　田

蒙田 (Michel de Montaigne, 1533–1592) 是法國的大作家。以為人類最大的「瘟疫」，

就是「以為能夠得到可靠的知識」。這種想法是對於人的「認識作用」的懷疑，對認識能力的否定，並且徹底削減了人的理性「極限」。蒙田以為不但感官作用會欺騙我們，就連理性的推理也可能欺騙我們；因此在蒙田的學說中，人性無論肯定那種學說，總是可能會出錯，所以知識成為相對的，沒有絕對的知識，我們生存在這個世界上，所有的知識所導引出來的，也就可以存而不論，因此也就會遭受懷疑。

二、查　郎

查郎 (Pierre Charron, 1541–1603) 否定感官及思想的認識作用，和蒙田一樣，認為我們的知識總有一個極限，可是查郎比蒙田更進一步，雖然他提出感官和思想的作用有極限，可是他提出了彌補的方式，人的意志可以補理知之不足，主張在人的認識作用中，意志先於理知，因為理知的作用是認知，而意志使得人去認知。在知識論上，查郎以為人才是主體，而認識作用只是工具，以人做主體，應該以意志的能力去推動理知去認知。在這方面去探討人性的話，結論出個人內修的德行先於宗教的存在。

三、笙　謝

笙謝 (Franz Sanchez, 1562–1632) 是葡萄牙人，但是生長在法國。他的懷疑論分為兩方面，一方面對中世哲學內容的不滿，另一方面以為「懷疑」才是自然科學的動力。對中世哲學的不滿，以為中世哲學首先由定義，再經過三段論法的證明，就可以得到真實的知識，笙謝認為我們一開始所得到的定義就有了難題，就這個有問題的定義，再導引出一種屬於理知的三段論法，屬於推理的三段論法，那可能和真正的事實有很大的距離。他認為「懷疑」才是自然科學的動力，因為他認為人觀察自然世界，覺得好奇、不懂的時候，才會加以研究，希望透過自己的研究而得到知識去認識世界。

懷疑主義在近代自然科學一開始的時候，他們因為一方面留戀過去傳統的一些比較倚賴性的學說，對新的一種東西又不肯放棄，就困於懷疑的地步。把「懷疑」當做方法，可以說是哲學的一個很好的方向，不過把「懷疑」作為一種目的，為懷疑而懷疑的話，我們就永遠得不到真理了。

第二節　新士林哲學

近代哲學主要的闡明人本主義以及自然科學，可是中世哲學雖然把信仰提升到最高，把信仰之下所提出的理知，作為哲學的範疇，可是這種以理性生活的想法，並沒有在人本主義和自然科學的考驗下消聲匿跡，他也以一種新的姿態出現。最顯著的是在當時的所有修院和各大學中，他們把哲學的方法改變了。首先在西班牙和葡萄牙的各大學中，開始慢慢地註解多瑪斯的著作。

其中最有名的二位道明會士是：賈依堂 (Thomas de Vio Cajetanus, 1468–1534)，以及費拉那 (Franciscus de Sylvestris van Ferrara, 1468–1528)。這兩位思想家對聖多瑪斯的因果學說以及聖多瑪斯的「分受」和「類比」的方法，特別有研究，而提出中世哲學最主要的方法，是從知識論走上形而上，再從形而上下來，走向人生哲學。

後來新士林哲學中又有人偏向人文主義的解釋方法，特別是在西班牙創立新士林哲學的衛他利亞 (Franz von Vitaria, +1546)。在道明會士中還出現了一位聖多瑪若望 (Johannes a S. Thoma, 1589–1644)，後者可以說是西方近代註多瑪斯哲學最著名的一位。

新士林哲學期中，最負盛名的是耶穌會士蘇亞萊 (Franz Suarez, 1548–1617)，蘇亞萊是西班牙人，他的哲學著作中，有五點特殊的主張：

一、所有的存有都是一體的，真實的和完善的，並且也有一個原因。

二、所有認識作用都透過心靈和外物的綜合。

三、人類無論單獨或和人共處都應有一倫理標準。

四、本質與存在一致性。

五、在創造過程中，神的觀念是世界存在的基礎。

新士林哲學既然要在近代「革新」聲中繼續存在，不但要受到近代哲學的考驗，而且還要走進近代哲學中，在近代哲學的洪流中一起生長，使得自己原本封閉的系統走進開放的近代哲學的探討中，所以他是以新的姿態出現，他設法把信仰和知識的界限，宗教和哲學的界限分得很清楚。但是有一點要注意的是，士林哲學的本質，知道人類的理性有極限，但是當人類瀕臨極限的時候，在神學裡就會去請教啟示，近代的新士林哲學卻不是去請教啟示，而是轉問理性，使得人再次重新反省以前的知識，不但是人自身的反省，甚至去請教自然科學，以觀察自然的結果，作為對人性、神性的一種觀察。

新士林哲學在此期的表現雖然有所附會，但並不牽強，就如初世紀時，希伯來宗教信仰接觸到希臘哲學和羅馬精神以後，由護教者出來，中和信仰和理性間的衝突一樣。近代的新士林哲學，有了自然科學和人本主義兩者的幫助，使得他們更能在「分受」和「類比」的方法中，找出所有運動變化的原因，而把人類的心靈和理知帶到更高的，屬於神的境界。

第二部分 理性主義

西洋文藝復興時代的哲學，首先發難的是以十三世紀初期成立的兩個哲學派系所推動的，一個屬於歐洲大陸，以巴黎大學做中心的人文和理性主義，另一個是英倫三島以牛津大學為中心的經驗主義。理性主義的遠祖，可以追溯到古代的柏拉圖思想，經驗主義則可追溯到古希臘的亞里士多德思想；柏拉圖的思想是先以清晰明瞭的腦筋，訂出一種思想的原理原則，以這種思想的原理原則適用於具體的事物，用理想超渡現實。可是，在這個理性主義的想法中，他們固然設法超越希伯來的信仰，但是他們並不反對經驗，所以我們討論理性主義的時候，需要澄清的一個問題，就是人們對「理性主義」這個名稱的誤解，以為理性主義就是反對經驗，以為理性主義就是要求先天、超越，完全是講求理想的一種主義；其實不然，理性主義所強調的，固然有數學一般的原理原則，但是這些原理原則，也是靠思想的經驗。

如果說理性主義超越了感官經驗，那倒是講得通，如果說理性主義反對經驗，就講不通了；理性主義甚至不反對感官的經驗，縱使他不用感官的經驗，而只用理性的思想經驗，去建構思想的體系。

當然，理性主義所模仿的學說，不是柏拉圖的宇宙論，而是柏拉圖的思想方法。因為在柏拉圖的宇宙論中，先分清觀念界和感官界的宇宙二元，可是文藝復興時代的理性主義，不是先著眼於宇宙論，而是先著眼於思想的法則，因此他們先注意知識的問題，然後在知識論上安置了柏拉圖宇宙二元的說法，把知識論中的心和物澈底地二元化。以為人類的知識，最主要的是要分清主體和客體之間的關係，以為主體如果能夠把握住客體的話，那就有知識；客體的把握，即存在的把握，在理性主義的原則上，先要把握住思想的法則；思想的法則，最清晰明瞭的，莫過於數學和物理，於是在文藝復興時代的思想，理性主義的部分，幾乎同時承認數理的法則，可以應用在哲學方面。

上述為一方面，另一方面是，文藝復興的時代，是人性理知的覺醒，他們設法跳躍過希伯來民族的信仰，他們所用的方法，不再是強調「信」，而是強調「懷疑」。文藝復與時代的思想，以為信仰的對立不是「不信」，不是否定上帝的存在，相反地，卻強調「懷疑」，懷疑我們知識的能力，所以理性主義開始的時候，是用「懷疑」的方法，以為對每一樣事情，無論是感官的或理知的知識，都應該先加以懷疑，然後再慢慢地證實，證實以後，才可以應用此種知識。

理性主義的三位大師，尤其是開始發展以「懷疑」為方法的笛卡兒開始，經過蘇比諾莎的經營，直到萊不尼茲，形成西洋近代思想的高峰。而在這個思想的高峰中，因為他們能夠應用數理的法則，所以很顯然的，也多多少少地和自然科學的信念繫聯起來，因為自然科學所奠定的基礎，也是以數理的原理原則為優先。

理性主義從笛卡兒開始，就應用了「懷疑」的方法，可是這「懷疑」只是一種方法，而不是目的。因為「懷疑」只是一種方法，所以從「懷疑」最後必然會走上肯定或獨斷的境界，理性主義的發展，到後來就成為一種獨斷的形式，他能夠斷定什麼存在，什麼又不存在，甚至更可以斷定什麼是靜止不動的，什麼是會生成變化的。

我們現在就按序介紹理性主義的三位大師。

第一章　笛卡兒

關於笛卡兒 (René Descartes, 1596–1650)，我們最熟悉的就是他那句名言：「我思，我存」(Cogito, ergo sum)，這「我思，我存」的方式，致使笛卡兒成為西洋近代哲學之父，因為在這句「我思，我存」的語句中，笛卡兒發現了「主體我」的存在。從笛卡兒這種「懷疑」方法所導引出來的結論，就是「我思，我存」，哲學就奠定了知識主體的存在，再也沒有人能夠去懷疑了。

因此我們說笛卡兒之所以成為近代哲學之父，因為他找到了知識論中的主體。

第一節 生平

笛卡兒生於法國的杜蘭省(Touraine)，貴族家世，拉丁名字是Cartesius，幼時在耶穌會學院受教育，以後就讀於巴黎大學，得到法律碩士學位。從軍至荷蘭，輾轉到德國南部，開始領悟哲學的新方法，發現了「我思，我存」的初步工作。退伍之後，回到巴黎，繼續哲學思考的工作，一六二九——一六三〇年期間，草成了《沉思錄》，是為笛卡兒的代表作。代表作出現，聲名大噪，受當時學術界的尊重，甚至受到巴黎傳統學說的攻擊，因此笛卡兒要在巴黎大學為自己的學說辯護。一六四九年受聘於瑞典女王基利斯定(Christine)，於是笛卡兒前往斯德哥爾摩(Stockholm)，因水土不服，一六五〇年病死。

第二節 著作

笛卡兒的著作，主要的是注重方法論，在方法論中當然就注重知識論的問題，笛卡兒的中心思想，在文藝復興時代，由於他不肯接受基督教信仰的內容，也不肯利用基督宗教的方法，即以信仰的方式獲取真的知識；笛卡兒要用理知的方式，但是又不肯用完全是希臘的一種辯證方式，所以他追求了一種方式，這種方式和自然科學很有關係，也就是和數學一樣的清晰明瞭的觀念。

笛卡兒的著作在這一方面的進展，首先是在一六二九——一六三〇年寫成的《沉思錄》，原名為《第一哲學沉思》(*Meditationes de prima philosophia*)，在這《沉思錄》中，笛卡兒所想出的方法，是利用「懷疑」，然後去肯定一種不能夠懷疑的存在主體，再從這個不能夠懷疑的存在主體中，找出邏輯的原理原則，以後再應用邏輯的原理原則去包含思想的內容。

這種方法在七年之後，發展成一種有系統的《方法論》，這《方法論》的原名是 *Discours de la Methode*, 1637，《方法論》指出笛卡兒如何覺得凡是真理，就應該是清晰明瞭的，是我們頭腦想得通的東西。如果腦筋想不通的，在我們思想界有互相矛盾或對立的存在，就不能夠存在，也就因此我們稱笛卡兒開始的學派為理性主義。

在《方法論》之後，笛卡兒還寫了《哲學原理》(*Principia Philsophiae*, 1644)，此書不外乎提出哲學主要的是在知識論上尋找真理，而這真理不但在知識論上有效，而且真正地能夠建立一個本體論，真的東西本身一方面是知識的，一方面是屬於本體的。

後來笛卡兒轉變到個人內心的情操中，寫了《心靈感受》（*Les passions de l'ame*, 1649），在《心靈感受》中，他開始注意到每一個人倫理生活的基礎，以及在倫理生活中如何擇善避惡，如何完成人性。因此在這方面的著作，致使笛卡兒開始跳躍，超越自己的知識，走上一個心靈的境界。

第三節　著作導讀

笛卡兒的哲學最主要的是講「方法」，指出我們如何可以得到知識，然後再從知識走上本體，走上形上學，從形上學下來，走進具體的生活中；因此我們讀笛卡兒的著作之時，不必先讀他的《沉思錄》，雖然此書是他的代表作，而讀者最好先讀他有系統的《方法論》，知道笛卡兒如何利用「懷疑」，慢慢地再以數理的清晰明瞭的原理原則，當做方法的架構之後，再跟著《沉思錄》的方式，隨著他的思路去思考真理的問題、知識的問題和宇宙的問題。

有了《方法論》與《沉思錄》的思想架構以後，可以去看看他的哲學內容，那就是《哲學原理》，《哲學原理》既然提到哲學的內容，當然也是從他的知識論開始，指出從知識論得到真理的本身，也就是說，我們在知識論的主體和客體二分中，客體的真實性，同時是存在，同時也是本體，這個本體中，它有實體的存在，我們的感官無法接觸到實體，所以實體還有一種屬性表現出來。屬性比較接近於客觀的客體東西，屬性還有一種樣態能夠完全表現出來，使得我們的感官經驗都可以接觸到。因此在《哲學原理》中，笛卡兒提出「實體」、「屬性」、「樣態」等概念。我們的主體，也同樣地有實體、屬性、樣態，主體的實體，當然就是心靈，心靈的屬性就是他的思想，思想所能表現出來的樣態，就是情感的喜怒哀樂。相對於心而言，客體的對象就是物，是屬於時空之間的東西，它有伸展性，它在時空裡面，物也有實體，那就是物的本身，而這個物亦有屬性，它佔有某一時空，物的樣態就是方向的變動。每一種物都會變動，而且有屬性：聲、色、香、味、觸、長、高等等。

我們知道了笛卡兒的形上學架構以後，再回頭走向他的人生哲學部分，看他的《心靈感受》，可以感覺到一個大思想家，儘管他的思想，思考的方法，或在哲學上的造詣，希望逃離希伯來的信仰，但是在笛卡兒的心靈中，宗教的生活仍然佔有重要的地位；他提到心靈的時候，不得不提到人生活在這個世界上，如何追求平安與神聖。

第四節　學　說

笛卡兒的學說，起點是以知識論開始，找出形上學的原理原則，再回到具體的倫理學方面；也就是說，他要先追求真理，然後再以這個真理導引到本體論上，從思想的法則肯定存在的法則，然後再以這些法則落實到具體的生活中。

我們先討論他的知識論：

一、知識論

在知識論中，笛卡兒運用了自然科學裡面的原理，也就是數理的原理，他以為在我們的思想當中，最可靠的，還是數學的法則，數學的法則是絕對的，是超時空的，因此他把數學的原理法則引渡到哲學上來，所以笛卡兒認為真理的尺度應該是清晰明瞭的觀念 (Idea clara et distincta)。

這裡所謂的 Idea clara 就是清晰的觀念，清晰的觀念是針對此一樣東西的自身而言，它本身是清晰的，本身是夠清楚的，好像二加二等於四，它自身是很清楚的。

distincta 是很明瞭的觀念，明瞭的意思是相對於其它的東西而言，即每一種東西存在的背景和這種東西的存在比較起來很清楚，比如鶴立雞群，鶴本身並不是很清楚的，可是由於牠的背景，即所有的雞顯出了這隻鶴的出眾；比如一滴墨水落在白襯衣上面，那是清晰明瞭的，墨水本身是清晰的，它的背景白襯衣又是明瞭的。這種清晰明瞭的觀念，笛卡兒把它作為一種尺度，認為所有的知識都得以這種觀念去衡量。

有了這個尺度之後，笛卡兒就提出方法，這個方法就是「悟性的直觀」(Intuitus animi)，即我們不需要利用經驗，而是我們天生來的邏輯法則，就可知道什麼東西是合理的，什麼東西是不合理的。在這個「悟性的直觀」中，笛卡兒最先想出來的，就是「我思，我存」(Cogito, ergo sum)，「我思，我存」的意思，就證明了主體的存在。

笛卡兒因為是理性主義的始祖，而更因為他找到了自我的存在，他被稱為近代哲學之父，他的知識論當然就以「理性」(Ratio)為中心。這個以理性為中心的方法，提到悟性的直觀，同時提出自然科學中也得應用的清晰明瞭的觀念。這種清晰明瞭的觀念，就笛卡兒而言，開始的時候，還是要退一步說，認為以前我們所得到的知識，還得加以「懷疑」或「存而不論」，然後以「悟性的直觀」，以清晰明瞭的尺度去衡量。在這種方法和尺度中，笛卡兒想出有一種東西是知識的起點，而不能夠再加以懷疑的，就是他的主體，所謂的「我思，我存」，也就是所謂的「我懷疑，所以我存在」，dubito, ergo sum 和 Cogito, ergo sum 成為同一的意義。

這種方法，笛卡兒稱之為「懷疑的方法」，直接應譯為「有方法的懷疑」，即 Dubitatio methodica。笛卡兒在這裡，是以自己的「理知」做出發點，用自己天生的邏輯法則做出發點，去尋找認知的作用，以及尋找認識的對象；笛卡兒懷疑的目的，是要尋找那絕對不可懷疑的、絕對可靠的真理。

所以，在理性主義開始的時候，懷疑只是一種方法，不是一個目的，「懷疑」的目的，是尋找一個絕對的真理。

在笛卡兒的思想中，於一六二八年完成了《思想的導引》(*Regulae ad directionem ingenii*)，在一六三七年出版了《方法論》，就能夠指出做哲學的方法，首先要問及人的理知能力，問及人的理知的認識能力，當笛卡兒發現人的理知並非有無限的能力，人的理性是有極限，人類「理性的極限」，使得笛卡兒開始以「懷疑」作為方法，用數理一般的法則，清晰明瞭的觀念作為尺度，去尋求真理。可是在這一方面，笛卡兒尋來尋去，最後他固然能夠肯定自我的存在，可是還是發現這個自我是怎樣的自我呢？是在「我思，我存」的這個「存」的問題；當笛卡兒發現這個存在，仍然不是一個有肉體的存在，不是整體的我的存在，而是一個「主體我」的存在，只是一個「思維我」的存在。因此他在找到主體以後，立刻誠惶誠恐地要尋找思想的客體，因為他要找尋思想的客體，所以問及外在世界存在的東西。

結果他發現外在世界所有存在的東西都有伸展性，都佔有時空，那麼相對於外在世界的時空性與伸展性而言，我們只能夠用感官去接觸，可是笛卡兒屬於理性主義的典型，他退一步想，認為感官有時候會有錯誤，有時會欺騙我們，笛卡兒說「只要感官欺騙我們一次，我們就有理由不再去信任它」。因此笛卡兒不相信感官，因為感官所得出來的，不能夠適應於清晰明瞭的觀念，而且也不能夠適應於悟性的直觀，所以笛卡兒到了這個地步，當他已經發現了主體的存在，可是這個主體的存在，只是「思維我」的存在，而沒有得到外在世界的一種存在，甚至可以說，根本就得不到我們肉體的存在的時候，笛卡兒的方法論只有到此為止，再也不能向前推展了。

笛卡兒從這個極限上，他設法再往前推展的時候，又想出了另一個問題，他問「究竟為什麼我們的感官會出錯？究竟為什麼我們的感官會受騙？」笛卡兒把這個責任，類似於希伯來民族的方式，把它歸罪於魔鬼，認為我們的感官世界中，有很多魔鬼的存在，即 spiritus malignus 的存在，這惡魔要欺騙我們，使得我們的感官不能夠接觸到外在世界的真實，只能夠接觸到外在世界的幻像，因此有了惡魔以後，我們的感官就會受騙、出錯。

可是，笛卡兒在此，立刻引用到中世的一些名詞，認為既然有魔鬼的存在，應該更有上帝的存在，上帝本身就可以征服惡魔，使得惡魔不能也不敢再以感官來欺騙我們；可是提到上帝的存在，笛卡兒用什麼來證明祂呢？他仍然以清晰明瞭的觀念，笛卡兒在此引用了安瑟倫的學說，利用安瑟倫的本體論證的學說，認為上帝是不能夠想得比祂更大的一種東西，所以祂是最清晰、最明瞭的觀念 (Idea charissima et distinctissima)。

如果說我們的存在已經是清晰明瞭的觀念，也就是說，清晰明瞭的觀念已經存在的話，那麼最清晰、最明瞭的觀念也更應該存在了，如此在笛卡兒的思想中，主體我的存在已經毫無疑問，而上帝更是存在的，因為祂在主體我的悟性直觀當中，確是最清晰的、最明瞭的觀念，其它的東西可以不存在，但是上帝卻必須存在，既然上帝存在，祂是全善、全能、全知的，因為祂是全善，上帝不會欺騙我們，惡魔欺騙我們，才會出面指正惡魔，因為祂是全能的，惡魔不是祂的對手。笛卡兒最後結論：我們的感官還是可以把握外在世界的真實。

這麼一來，笛卡兒就想在我們的心靈方面，以清晰明瞭的觀念，證明主體我的存在，在客體的存在方面，笛卡兒是借用上帝的全能、全善去保證客體的存在。因此，在笛卡兒心、物二元的學說中，這個主體的思維我 (Res cogitans)，就可以達到客體的存在，達到有伸展性的事物存在 (Res extensa)。有這種解釋的方式，當然我們就可以知道近代哲學的思想，縱使想跳過希伯來的外來信仰，回復到古希臘的情形，已經是不可能的。因為笛卡兒必須在他的學說中，引用安瑟倫的本體論證的方式，同時引用中世時期的「上帝」名詞，證明自己理性極限以後不可以抵達的領域。

笛卡兒在這方面，統一了中世和希臘兩方面的學說，也應用了從理知走向信仰的一條道路。

笛卡兒在知識論上的學說，主要的是以清晰明瞭的理性，作為存在的尺度，作為思維的尺度，這種尺度的延伸，使得知識主體的確定性，即主體我的存在，變成不可懷疑的，而且支持這主體之所以不可懷疑的最後基礎，就是上帝。上帝的觀念是最清晰、最明瞭的東西，這個最清晰、最明瞭的觀念，不但使得主體有認識的能力，也能夠使得客體有被認知的可能；因此在最清晰、最明瞭的觀念——上帝的指導之下，笛卡兒以為解決了知識的問題。

可是，問題並不因此得到解決，因為從知識論所追求到的真理問題，還有後面的一個基礎的問題，也就是說，知識論的「真」是否就是本體論的「真」？即我們能夠認知，主體能夠認識客體，是否同時又可以證明出主體是真正存在的東西，客體也是真正存在的東西？這個問題是要走向形而上學。

二、形上學

形上學的問題，本來是要追求事物存在的最後原因，在笛卡兒的思想看來，是要問及認識的最終原因，認識的最終原因，一方面是最清晰、最明瞭的上帝的觀念，另一方面是問及主體最終的存在是什麼？也同時問及客體最終存在的依據又是什麼？用這種方式，笛卡兒設法談論「實體因」的問題，此就是他的形上學，也就是他的本體論，同時也是他的實體論。

笛卡兒這個「實體」問題的提出，西洋近代哲學，也就是從文藝復興的哲學開始，因此而展開了「實體之爭」的問題。「實體之爭」是提出什麼東西是真正的存在，什麼東西有它自己存在的基礎。很顯然的，在笛卡兒的知識論中，真正存在的東西有三種，一個是心，一個是物，心物之間的聯繫造成了我們的知識論，心與物又如何聯繫呢？還是要依靠上帝的存在。心、物、神，成為知識論中的三元，這三元最主要的基礎，還是要回到心物的二元。

所謂的心物二元，心是屬於清晰明瞭的觀念，是屬於觀念的東西，而物是屬於有伸展性的、在時空限制之下的東西。於是心與物的對立，形成了實體的二元；心就是 Res cogitans，是思維物，而物是 Res extensa，是有伸展性的事物。

雖然在實體的問題方面，笛卡兒已經提出心與物的二元，意思是指宇宙間的存在有兩種實體，一種是屬於心的，另一種是屬於物的；可是，近代哲學的特性，是站在知識論的問題去問存在，他的出發點永遠是停留在知識的範圍以內；笛卡兒在這裡要問的是：我們如何知道心與物這兩種實體？當然大家都知道，我們的感官所接觸到的，只是一種現象，我們的理知所想出來的原理原則，只是一種公式，而真正對心與物的體認，並不是知道一個心或一個物，而是心與物都要以一種表象的方式表現出來，使得我們的理知，可以去把握它，使得我們的感官，能夠去體認它。

這個「實體」(Substantia) 下面有「屬性」(Attributum)，所以心的實體和物的實體下面都有屬性。所謂的「屬性」，是緊跟著實體而存在的東西，每一種實體，它都必須有一種屬性，可是這屬性，有時離物體那麼近，使得我們的感官、理知，還是沒有辦法直接到達屬性，所以在屬性與我們的認知之間，又會有一種表象，比屬性更能夠表現出來的，這種表象稱為樣態(Modes)。心靈是實體，而心靈的屬性是思想；可是，我們如何看到一個人的思想呢？那是在他的樣態所表現出來的情意、喜怒哀樂。

在物體方面，物是一個實體，可是物的屬性是伸展性(extensio)，我們如何看出它的伸展性呢？那就是它在空間的運動變化，在空間的運動變化成為物體的樣態。如此，心與物這兩種實體，都有它們的屬性與型態、樣態，屬性表示出實體的本質，而型態表現出實體的樣態。我們的感官所能抵達的是樣態，思想所能抵達的是屬性。而且一種事物無論它是心或物，真正的存在的基礎是實體，它的表象是屬性和樣態，我們所接觸到的是，透過樣態的體認，透過屬性的觀察，而證明出它有實體的東西。

所以，笛卡兒從他知識論的路線，到達實體的層次，從知識論走上那形而上的層面。如果我們看見有地方的運動或變化，我們知道那是物，如果我們看見某人有喜怒哀樂的表情，我們就知道他有精神。

在笛卡兒的形上學中，當然他所強調的「實體」才是真實的存在，而實體表象所顯示出來的屬性和樣態，都只是附屬的；就好像運動只是物體的表象，而物體才是主要的實體，又如顏色只是依附在物體上面，而無法單獨地存在。世界上沒有「白色」的存在，存在的是白色的東西。也就如在主體的實體中，沒有所謂的喜怒哀樂，喜怒哀樂的存在，只是主體意象的表出。

現在所留下的問題是，人性如何在他的喜怒哀樂的表象中找出他自己內心裡的真實，這也就是笛卡兒在他的「人性論」中所討論的課題，也就是他的倫理學。

三、倫理學

本來所有的理性主義者所探討的道德問題，外表上看來都是知識論，但是這種知識論卻有一個原則，使得我們能夠認識真理之後，走上形而上的原理原則，把握住形而上的原理原則後，再落實到人間世，落實到如何做人的問題中。

笛卡兒的理性主義，最後還是問及人生的倫理問題，這種理性主義的思想步驟，是要通過思想去尋找存在，可是思想的目的以及尋找存在的目的，都不是人生的目的，人生的目的是如何把這種理想、真理、實體應用到生活方面。當然，笛卡兒在知識論中以為神是最清晰、最明瞭的觀念，也是最高的實體，所以在他的倫理道德生活中，很顯然的，也是以神作為生活的最終目標。可是，這種生活的目標，並不是傳統宗教所給予的精神，而是以理知去追求的宗教情操。這種宗教情操，在名詞上、名義上有理性的色彩，這種理性的色彩也就包括了意志。

笛卡兒在人的倫理道德問題方面，提及的就是自由意志的問題；他認為人是自由的，但是所謂的「自由」，是他的本性向著善，因此也就是向善才是真正的自由，可是因為人是自由的，他可以向著那相反的方向，也就是向惡，向惡表示人犯罪、作惡，也證明他是自由的。

在另一方面，因為在知識論中，笛卡兒認為人的精神是清晰明瞭的觀念，而上帝是最清晰、最明瞭的觀念；人的精神，很清楚的是上帝的肖像，肖似神明的一種存在(Imago Dei, Similitudo Dei)。如此所謂的罪惡或過失，都是因為人抹殺了這種上帝的肖像和肖似神明的特性。而這種抹殺上帝的肖像和忽略肖似上帝的事實，笛卡兒認為那是因為人太注重感情和意志，而輕視理知；也就是人的認識不清。理性主義者認為只要我們認清了是非善惡，自然就會去實行，就他們而言，是「知難行易」。

笛卡兒的學說，由於他提出了「懷疑」的方法，和傳統的信仰方式有直接的衝突，所以笛卡兒在當時的社會上，以及學術界的思想方面遭受了很大的困難，因此他也用了一個保留自己的方式，等於說「天下無道，聖人生焉」的方法，使自己在無可奈何之時，最多是退隱，過一種與世無爭的生活方式。

綜觀笛卡兒的思想，以整體的哲學方法看來，還是走了傳統的路，從知識論走上形上學，再從形上學下來，走上倫理學，從知識走上原理原則，再落實到日常的生活層次中。因此，西洋的近代，雖然在表面上，有反對傳統哲學的口號，提出新的方法，但是在哲學的內容方面，對宇宙和人生的認識，以及對宇宙的理論和人生的實踐上，原則上並沒有改變，還是保存了西洋哲學中主要的兩個課題，即宇宙問題和人生問題。

而宇宙問題和人生問題都奠基在知識的問題上面，笛卡兒之所以稱為西洋近代哲學之父，一方面，那是由於他發明了新的方法，另一方面，他也是哲學大師，同時注意到宇宙和人生的問題，所不同的是他在知識論上有特殊的發揮。

笛卡兒的理性主義，很顯然的，在知識論上導引出心與物的二元，在心與物之間，他使得精神世界與外在事物存在之間，有一道不能踰越的鴻溝。本來在開始的時候，笛卡兒用的是懷疑論的方法，透過懷疑，再去肯定知識的真理，可是後來卻使得心與物之間有一道鴻溝而無法跨越，心物之間沒有交往。

笛卡兒後來為了使得心與物之間有所溝通，不得不把中世的上帝請出來，現在所留下的問題是：究竟這個不是崇拜對象的上帝，只是受利用的上帝，祂會不會肯為笛卡兒的知識論所利用還是一個問題；因此，站在理性主義本身看，笛卡兒的貢獻是找到了主體我的存在，可是他所提出的問題，和在問題中所遭遇的難題並沒有獲得解答。

第二章　笛卡兒學派

所以，笛卡兒的一些同事以及他的弟子，便設法調和心與物之間的矛盾和衝突，因此創造了偶因論 (Occasianalismus)，或稱為機緣說。這種偶因論最主要的原理，一方面承認心與物之間沒有交往，心的存在與物的存在各不相干，所以心的所有表象，無論是它的屬性或所有的型態，以及物的實體與物的表象，或它的屬性或型態，都沒有關係，這二者之間的主要關係，是因為它們有一個共通的外在原因，這外在的原因，也就是中世所謂的上帝或神，神使得心與物二者平行。

很顯然的，這機緣說在表面上是為笛卡兒的學說鋪路，事實上是修正笛卡兒學說的偏差。因為笛卡兒學說中提出的心去認識物，雖然有感官作用的錯誤，畢竟還是有上帝去修正感官，而機緣說根本完全站在理性主義的立場，不去承認感官有認識的能力，而設法把感官放在一邊，只用理知所推論出來的最清晰、最明瞭的觀念——上帝，負責導引人「悟性的直觀」去認識事物。

因此，只要人在理知上，在思想的法則上，抓住了清晰明瞭的觀念，甚至抓住了最清晰、最明瞭的觀念——上帝之後，就可以使得心與物之間有所交往，就可以建構知識論。

在笛卡兒學派 (Cartesiani) 裡面，有三個主要人物，即：求凌斯、馬萊布郎、巴斯噶，分別介紹於下：

第一節　求凌斯

求凌斯 (Annold Geulincx, 1624–1669) 是荷蘭的哲學家，首先用「偶因論」修正笛卡兒的心物二元說，他把心物比喻為二支完全不同的鐘錶，本來這兩支鐘錶相互之間沒有任何的因果關係，它們只是並行的關係，但是由於這二者並行的關係，由同一的精巧的鐘錶匠所做的，而且這錶匠製作這兩支鐘錶的時候，已經使它們走得完全一樣；它們相互之間雖然沒有交往，但是走起來卻完全相同，它們之所以完全相同，那是偶然的、機緣的，是由於外在的原因所支配的。當我們的心接觸到外在的物，心去體認外在的物之時，並不是我們的心去認識外在的物，也不是外在的物被我們的心所認知，而是外在原因的上帝，因為祂是最清晰、最明瞭的觀念，使得我們的心有所知，使得物被認知。

因此心與物的關係，完全像這兩支鐘錶一樣，最主要的認知原因，是那個外在的、最清晰、最明瞭的觀念。我們的腦筋只是清晰明瞭的觀念，這清晰明瞭的觀念可以知道我們所有的認知都是由於那最清晰、最明瞭的觀念——上帝所賜予的。神對於心與物的關係，就好像鐘錶匠對於兩支鐘錶的關係一樣，因此心與物本來就互不相干，在認知的作用裡，心與物互相沒有關係；心與物的關係，也就是整個的認知作用完全是在上帝的全能，上帝在創造心與物的時候，已經使得心與物有了預定的調和，心對物的反應，不是心的作用，也不是物的作用，而是「先天」的，早就存在於心的本體內，也存在物的本體之內。

所以心的實體與物的實體，本來是互不相干的，在知識論上是互不相干的，也就是沒有後天的知識，所有的知識都是先天的知識，都已經由上帝所安排，心與物將來會像兩支鐘錶走得完全一樣。因此就求凌斯個人而言，認為我們心靈對自己的行為也就不是當事人，而是觀眾，我的行為不在我，並非由我去支配，至多我只能在旁邊參加一點意見，不許參加行為。

求凌斯認為我們最高的德行在於「謙虛」，明明知道自己不能參與自己的行為，知道自己在這方面是不自由的，但是卻可以把自己奉獻給上帝，讓上帝支配我們的行為，這是在「無為」中最高的「有為」。這在求凌斯的哲學而言，在倫理道德的行為上是自身的「無為」，可是能夠把這種「無為」的意念完全奉獻出來，這就是屬於「有為」的最高峰。

雖然在表面上看來，我們很可能會以為求凌斯的這種思想是屬於消極的，屬於消極的無為主義者；但是，他這種「無為」卻有宗教的情操，為「宗教的奉獻」所提升、代替，所以求凌斯的學說還是屬於理性主義的一種型態。他要設法去懂得知識的來源，設法去懂得人生的真義。

第二節 馬萊布郎

馬萊布郎 (Nicolas Malebranche, 1638–1715) 是法國的哲學家。他繼承了笛卡兒求真理的方法，以為「我思，我存」可以找到「思維我」的存在；可是另一方面，他用了中世大師奧古斯丁的方式，認為「若我墮落，我即存在」的感受存在方式，二者並用。馬萊布郎利用奧古斯丁和笛卡兒的方式，找出自己的存在，而這個存在，不但有理知，而且有情感。因此，馬萊布郎認為理知的內容應該有情感的成份在內，而這理知和情感，是「知」和「愛」的綜合，導引人走向宗教的層次。

在宗教的層次中，我們看一切的事物都在人之內，站在神的立場看一切事物的話，則一切都會變成統一的。馬萊布郎認為如果要討論知識論，如果要使得主客統一的話，這一個心靈的準備是需要的；也就是說，要站在神的立場，看一切的事物，如此主客的對立，就可以在神的觀點下，得到解消。

再進一步，馬萊布郎認為不只是我們一切的知識都在神之內，不只是所有事物的觀念在神之中，甚至事物本身就在神之中。一切的存在都離不開神，於是由觀念論的範圍，慢慢地走進本體論之中，使得觀念在現實之中，使得思想變成了存在。

在理性主義的思想演變中，笛卡兒以人的理知做中心，把一切都侷限到理知的清晰明瞭的尺度中，甚至把神也侷限在思想的法則以內；馬萊布郎則把理知的範圍縮小了，而擴大了神的範圍，認為神不是屬於理知的層次，因為馬萊布郎從奧古斯丁的情感的方式得到神是超越理知、超越情感的一種存在。

馬萊布郎因此繼承了笛卡兒的理性主義學說，可是把神從理知之中搶救出來，使得神有獨立的存在。然後更進一步，不但使神獨立，而且使得事物和人的理知，以及理知的法則都屬於神的範圍。

當然笛卡兒的理性主義導引出心物的二元，而馬萊布郎把心物都放在神之中，以神作為解消心物二元的最終基礎，心物二元解消在神的存在之中。再進一步，認為事物與事物之間，或心與物之間根本上不存在因果關係，所謂的認識，並非心靈去認識物，或物被心靈所認識，而這種心與物之間表現上相近於因果的東西，只是一種表象，不是一種真實，而真實是在表象之後才存在，即神才是一切現象的最終原因，而且也是唯一的原因。於是心物二元之說，馬萊布郎把它導向於神的一元論中，配合著中世希伯來至上神的信仰，心與物都成為神作為「因」的原則之下，變成了「結果」，心與物都是「果」，只有神才是「因」。心物間的關係，也就成為神對外工作的表象，神成為心物調和的避難所。

馬萊布郎的這種說法，相似於神秘主義的結構，所有的現象界不能夠解消的對立，都往神秘界那兒推，把一切的一切用做心物合一的原則去理解，把世界上所有存在的事物，都以心靈的感受去解消。

第三節　巴斯噶

巴斯噶 (Blaise Pascal, 1623–1662) 是法國的科學家及哲學家，同時對信仰與宗教有深刻的體認。他認為科學、哲學和宗教應該是一體的，理性和心靈也應該是一體的。

巴斯噶延續了馬萊布郎的學說，認為一個人是一個整體，因此他所發表出來的對科學的知、對哲學的知、對宗教的信仰都應該是和諧的。巴斯噶是一個虔誠的教徒，他的虔誠，一方面是他內心的信仰，另一方面卻設法統一科學、哲學和神學。在科學的基礎上，以邏輯求「真」，用數學可以得到真理，但是在另一個層次上，數學雖然可以給予事物定義，但是對基本概念如時、空、運動、數目等等，數學則無法解釋，因為這些概念是屬於哲學的。哲學要解消一些問題，就要用清晰明瞭的觀念，可是人生在世界上，畢竟還有一些不是屬於清晰明瞭的觀念的；也就是說，人除了理知的層次之外，還有心靈的層次，這心靈的層次，也只有宗教信仰才能給它解釋，因為理知是求真，心靈才去追求幸福和平安，真理無法使人心靈得到滿足和平安，只能使人得到清晰明瞭的觀念。

因此巴斯噶在哲學上最大的貢獻是把哲學分為兩種：一種是「理性的邏輯」，一種是「心靈的邏輯」；「理性的邏輯」所追求的是知識，所利用的方法是數學原理，而「心靈的邏輯」所追求的是幸福，只能以信仰去追求。巴斯噶認為這兩種邏輯都是人人共有的，而且是生來就有的，因此我們對於邏輯的運用也應該分開來，是「心靈的邏輯」還是「理性的邏輯」，因為它們的對象、出發點不同，所以我們在討論信仰的時候，以及討論哲學、科學的時候，應該抱持不同的態度。

巴斯噶在此也特別地批評了笛卡兒「神」的概念，認為笛卡兒只是「利用」了神，在他的思想中，「神」沒有半點權威，神不是人崇拜的對象，只是人利用或認知的對象。巴斯噶是虔誠的信徒，所以他的神是至高無上的，需要用信仰一級級地超升，到祂面前去找祂，崇拜祂，不是為了理知的方式而把祂請下來，只是為了「外界事物」存在的認知，只利用了神而不把祂當做崇拜的對象。

巴斯噶用信仰來建立人的理性和神之間的關係，用理性建立人和世界的關係，然後用情感建立人與人之間的關係。因此，他的所有的關係都變成雙線的，人和神之間的關係，固然神會降恩寵於人，可是人也必須去崇拜祂，人到神的一條路是崇拜，神到人的一條路是有利的，不是因為神對人有利，人才去崇拜祂，而是人去崇拜祂，這崇拜的行動，就對人有利。提到人與人之間的關係則是仁愛，一個人去愛別人，是因為他的本性去愛，並非由於人家愛他，他才去報答人家的愛，而是由於他自己的人性去愛別人。

至於對這個世界，可以說完全是認知，可以用科學的方法去把握它、利用它。因此在這裡，巴斯噶說得非常清楚，神不但是人知識的對象，也是人崇拜的對象，這點巴斯噶超過了笛卡兒。

然後提出人和世界的關係是「佔有」，但是人與人之間的關係，不是「佔有」，而是「仁愛」，此點他又超過了當時一些科學主義的想法。

巴斯噶最後深深地感覺到，人和神之間的聯繫主要的是信仰，而不是理知的探討。

綜觀「偶因論」整個的體系，最主要的是提出「機緣」或「偶然」的意義，我們通常以為「偶然」的意思是沒有原因，而事實上，「偶然」並不是沒有原因，而是我們不知道原因，在現象的後面可能有很多不同的因素在裡面，這裡所謂跟隨理性主義之後起的「偶因論」的意義，是在心與物之間本來就有原因，這個原因是上帝，可是心與物之間的關係，我們看起來好像只是機緣或偶因，事實上，在背後隱藏了一個實體的原因。

第三章 蘇比諾莎

第一節 生平

蘇比諾莎 (Baruch Spinoza, 1632–1677) 出生於荷蘭阿姆斯特丹城，為猶太商人之後，祖先是由巴列斯坦 (Palestrina) 到西班牙、葡萄牙經商，然後遷徙到荷蘭。因為出生於商家，家庭富有，但是蘇比諾莎從小不喜歡經商，喜歡深思冥想，年青時受了希伯來民族的嚴格教育，是屬於神學的教育，從《舊約》希伯來的經典中學得哲學和神學的思考，但是當他慢慢地接觸到理性主義笛卡兒的著作之後，漸漸地與《舊約》的宗教脫節，有泛神論的主張，當時的教會開始迫害他，於一六五四年，蘇比諾莎只有二十二歲之時被開除教籍，趕出阿姆斯特丹城，蘇比諾莎因此開始過流浪的生活，甚至最後窮得連吃飯都成問題，以磨玻璃而糊口。

可是蘇比諾莎雖然生活清貧，卻喜讀書、思想，蘇比諾莎不愛名利，雖然當時有斯脫拉斯堡 (Strassburg) 大學以及海德堡 (Heideberg) 大學，於一六七六年要聘他為教授，但是他愛清靜，不喜世上的功名利祿而拒絕。由於一段時期的生活困難，終於染上肺病，年僅四十四歲即長辭人世。一人獨身，獻身於學術的工作。他主修的，一方面是神學，另一方面是數學，特別是幾何學的思考，一心希望以泛神論的架構，能夠幫助笛卡兒理性主義的體系。

第二節　著　作

蘇比諾莎的著作，絕大部分注重方法論的問題，也就是從數學的幾何學方式來建立一種方法論，他在這個方法論的後面，卻要提出宇宙的架構，然後在宇宙整體架構中，把人安置於其間，使人得以頂天立地，安身立命，因此他的代表作直接稱為《倫理學》。

這《倫理學》的著作，其實於一六六五年已經脫稿，直到死時才真正地出版。他前期的作品中，已經開始提及笛卡兒哲學思想的方法，所以最先出版的是《笛卡兒的哲學原理》(*Renati Des Cartes Principia Philosophica*, 1663)。

第二部著作是他所關心的神學思想的問題以及神學思想能夠落實到這個世界上來的問題，就是《神學政治論》(*Tractatus Theologico-Politicus*, 1670)。

蘇比諾莎的代表作是《以幾何次序證明的倫理學》(*Ethica ordine geometrico demonstrata*, 1677)。

第三節　著作導讀

由於蘇比諾莎是愛神的人，所以特用感情去發展他的宗教情操，因此他學說的重心也就在於一六七〇年所著的《神學政治論》，他設法把人與神之間的關係，應用到社會政治上。所以，在我們閱讀蘇比諾莎的著作之時，應該以這本書作為重心。可是，由於蘇比諾莎要把宗教的情操應用到政治社會方面，就必須先有知識論的鋪路工作，這種知識論的工作，也就是蘇比諾莎被稱為理性主義者的理由，即一六六三年出版的《笛卡兒的哲學原理》。

從笛卡兒的哲學原理，指出知識的方法以及知識的對象，而知識的方法和對象，就蘇比諾莎的觀點而言，應該和自然科學聯結，因此，也就是他在一六七七年所寫的《以幾何次序證明的倫理學》。

所以為了了解蘇比諾莎的學說，最好的方法是先讀《笛卡兒的哲學原理》，懂得他在知識論上的論點，然後再看他透過幾何學，知識論而奠定的倫理學，最後是提到神學的問題。

第四節　學說

蘇比諾莎是猶太人，他整個的哲學思想，和神學有極大的關聯，他理論的體系和他實踐的生活也有很大的關係。如果我們說笛卡兒的學說是從「知」出發的話，蘇比諾莎則是從「信仰」的生活出發。

因此，在希伯來的信仰中，整個民族的信仰所關心的，是民族生存的問題，因為希伯來民族是游牧民族，到處受人欺負，他們整體的民族意識，都在注意自己民族不被消滅而能被保存著，能夠繼續發展和進步；所以蘇比諾莎的學說也是從此處開始。他指出「保全自己」(Conservatio sui) 是一切哲學的起步和基礎。

這種「保全自己」的哲學思想，完全表露了猶太教等待救贖的心情，這種思想同時參雜了很多神秘主義的思想，尤其當蘇比諾莎接觸到西方的思想以後，就混合了一些柏拉圖主義的觀念，當然更清楚的還有笛卡兒的思想方法，蘇比諾莎混合了這三種思想的精華，創立了理性主義的單一神論。他是理性主義者，是因為他所採取的方法要透過幾何的次序建立一種倫理學。

他提及單一神論，因為他所用的是猶太教的至上神論，這種至上神的信仰，蘇比諾莎用柏拉圖的「善」觀念來表達。在蘇比諾莎的哲學中，一方面設法統一信仰和理性，他方面又設法拯救笛卡兒二元學說的危機，並且設法躲避偶因論的許多麻煩。

「保全自己」的意義，是要使得自己的存在基礎不被消滅，使得自己在存在的基礎上發展和進步。但是，這一切之前，必須有一種假設，這種假設就是在消極上能夠擺脫痛苦，積極方面是以理性找出自己存在的理由。可是站在神秘主義的立場看來，人性最主要的還是一種「愛」，而「愛」的最高境界，是主體、客體消融在一起。在蘇比諾莎的觀點看來，是人愛神，而人和神由於「愛」，能夠合而為一，與神合成一體，也就是能夠

「保全自己」，使得自己不被消滅。

可是，如果在這方面要與神成為一體，那麼在整個倫理學的發展中，就要消除自己一切的偏見，以神的眼光去看一切，這也就是在「永恆形相之下」(Sub specie aeternitatis) 去體認一切的事物。

笛卡兒從「知」出發，找到了「自我」，他假設這個「自我」就是實體，這個實體有思想的屬性，有情感的樣態，笛卡兒這種「知」的目的，是認識真實。蘇比諾莎不是從「知」出發，而是從「存在」出發，設法去找到實體，他這種實體因為有「存在」作為基礎，不是以知識作基礎，於是用不著分為主體、客體二元，可以用萬物一體的方式作為基礎，就用不著以認識真理為目的，而是以「保全自己」為目的。

無論「萬物一體」或是「保全自己」的觀察，都屬於一種樣態的觀察，這種樣態必然有屬性，甚至必然有實體。這個實體在蘇比諾莎的心目中，由於信仰的導引，內心感到與存在的底層一起存在，心內的安寧和平靜就是一種安全感，這種安全感致使蘇比諾莎被稱為愛神的哲學家，因為他的宇宙觀和人生觀都是在「永恆形相之下」作為基礎，作為一個出發點。

蘇比諾莎這種思想體系，很清楚地可以追溯到希伯來民族的心境，希伯來民族的整個心境，可以由「諾亞方舟」以後窺出；依據《舊約》的記載，「諾亞方舟」是因為上帝降下洪水，毀滅這個罪惡的世界，只保留了諾亞一家人，在洪水過後，諾亞的三個孩子和他們的媳婦，又開始繁生人類，在這些後代當中，有不少屬於敗類之輩，和洪水以前的時代相同，都在為非作歹，這些人雖然為非作歹，但是總是設法不要再受上帝的懲罰，所以有一次地球上的人類要建立一座高塔，塔的高度高到可以伸手摘到天上的星星，和上帝的寶座一樣高，如果上帝要再降洪水毀滅世界、人類的話，只要人的塔高到和上帝住的地方一樣高，上帝要淹沒人類，也必須淹沒祂自己，如此就可以迫使上帝不再降罰人類。

但是這個故事所要導引出來的一個問題，是使得上帝用別的一種方法，使人類不能夠合作，這也就是希伯來民族解答人類為什麼有那麼多語言，《聖經》這段記載中說，上帝開始使人類以各種不同的言語來交談，使得人類無法繼續蓋成這樣的一座高塔。

可是在另一方面，我們在蘇比諾莎的心目中可以看出，蘇比諾莎要求能夠保全自己，在保全自己的最保險的一條道路，就是使得自己的存在，在根本上就能夠和上帝的存在聯在一起，如果上帝要罰人類，遺棄人類，使得人類無法存在，也就會殃及上帝，等於那個分音塔，如果上帝要降洪水淹沒人類的話，也會淹到上帝本身一樣的原理。

蘇比諾莎以這種知識的，宗教的方式，提出了人和上帝應該要統一的一個存在，從這種知識的方式出發，就走上了形而上學的考據。

在形上學的探討中，笛卡兒將心物分為二元以後，卻無法把它們再次統一，到了笛卡兒學派以後，這種統一的機會又更難了，蘇比諾莎一開始，就希望不要透過知識的二元，只是透過本體的單元，用來處理心與物的問題，以及處理知識的問題，並且最好用來解釋存在的問題。

所以蘇比諾莎不是從知識的對象、樣態出發，而是從存在的本身出發，因為他從存在的本身出發，所以他一開始就可以提出實體的問題，以為實體的存在才是真實的，他所表現出來的，無論是屬性、樣態，都不是存在本身，都不是實體；如果能夠從實體出發而討論問題的話，我們就必須先承認這個實體應該是絕對的，應該是無限的，應該是可以包容萬物的，因為它可以包容萬物，又是絕對的、無限的，所以它本身就是上帝。

如此上帝本身包含了一切，那麼我們存在的基礎自然就在上帝身上，萬物存在的基礎自然也就在上帝以內，神既然是一個，萬物也就因此成為一體，萬物之所以能夠成為一體，那是因為萬物在神之內。

並且蘇比諾莎還繼續導引下去，認為我們的知識論如果能夠做到在「永恆形相之下」

的話，那麼就連知識也可以找出萬物是一體的，不但是萬物的本體是一體，而且站在我們的知識論去看，萬物也是一體的。這種「萬物一體」的學說，最後當然是屬於形而上的，當然是屬於實體的，因為這種神、物、人三者成為一體的看法，所以蘇比諾莎有「神即實體即自然」(Deus sive substantia sive natura) 的學說。

當然這種說法，是蘇比諾莎為了「保全自己」，為了徹底解決存在的基礎，要使得自己存在的基礎本身是上帝，這樣一來，上帝由於為了保全自己的實體，也順便保存了人類。

從這種哲學的觀點，我們可以從多方面來研究蘇比諾莎的哲學。

一、知識論

笛卡兒的知識論，起自對數學的清晰明瞭的觀念的假設，笛卡兒的假設因為是數學的，所以他的清晰明瞭的觀念也是平面的；可是蘇比諾莎的假設則是幾何學，用幾何的圖形，以平面的方式代替那立體重疊的東西。因此，蘇比諾莎的知識論從我們的日常生活開始，使得他立體的，萬物一體的宇宙得到合理的解釋。

首先蘇比諾莎把知識分為四種：

1. 道聽途說：這種知識是人家所講的，不可能有我的經驗，可是有別人的知識，確實有別人的經驗可以告訴我，這種「道聽途說」的學說也是正確的，因為除了這種途徑以外，我們別無他種途徑，比如我的生日。

2. 不成文經驗：有一些學問不可能由我們的經驗得來的，只能從別人的身上，從觀察別人的行為和成果而得出來的結論，比如我是會死的。

3. 觸類旁通：這種知識是從果到因的推論知識，每一個人只要自己頭腦清楚，都可以推論出來的，比如看見一種東西會自動，有新陳代謝的作用，我們就可以結論出其為生物。

4. 幾何哲學：用幾何方法推論出來的結論，比如二條直線和另一條直線平行的時候，則此二直線互相平行。

這四種知識中，蘇比諾莎認為只有第四種知識最可靠，至於第一種「道聽途說」可能會有錯誤，「不成文經驗」也可能會有錯誤，甚至「觸類旁通」也可能結論出一種不合理的論點，可是幾何學的方法，既有理性的成份，又有數學的成份，不可能會出錯。

蘇比諾莎發明的幾何學的方法，就是設法把「存在」當做基礎，而以思想界的存在，「不是存在於他物」的實體觀念為原則，指出每一種存在應該有自己的實體，從實體能夠發展出屬性和樣態來。可是實體的推論到最終的一個實體之時，成為所有存在的基礎，而從這個基礎出發，就可以利用幾何學的原則，利用推論的法則，把知識論和形上學熔為一爐。

一切的現象都發自實體，而所有的樣態都歸於實體之內。在知識論中，蘇比諾莎認為事物過多，我們不可能認識每一種事物，而且更進一步，每種事物都可以用各種不同的角度去認識；因此蘇比諾莎認為如果我們可以把握住屬於幾何學的原理，就可以真正地把握住全體。

這種幾何的原理，很顯然的是站在客體的無數量面前，認為這個無數量如果算是一個圓周的話，則這個知識的圓周就成為無限大。在幾何原理中，如果圓周無限，則圓周以內的任何一點都可以當做此圓周內的圓心。如此，如果我們站在無限的知識面前，隨便任何一點都可以拿來做起點，只要這一點是屬於幾何的圓心，因此就蘇比諾莎看來，如果我們用我們的理知，站在「永恆形相之下」看永恆的東西或一切的事物，就可以認識一切事物的根本。這也就是說，蘇比諾莎在這方面總是承認理性的最高能力，承認所有的真理都是自明的，承認我們的理知能夠在無限的知識中，找出一條通路，把自己理知的「直觀」，作為從事學問的一種方法。

因為在知識論的探討中，蘇比諾莎認為要以一種幾何的法則去認知，也就是說，在理性的自明原則上，找出一條通路，而能夠在立體的宇宙架構中，用平面的方式表現出來，而這個平面的方式，就是笛卡兒所謂的清晰明瞭的觀念，在這種觀念的後面，是屬於神的光照，可是這神並不是和人的理知脫節而自個地高高在上，而是同一個存在，同一個實體。

在蘇比諾莎的形上學結構中，大自然，神和人是三位一體的，因為三位一體，所以最清晰明瞭的觀念，在笛卡兒哲學中是上帝的話，那麼在蘇比諾莎的哲學中則變成了人、世界、上帝三者所共有的一種特性，因為這三者，在蘇比諾莎的原則下是三位一體的東西。

因此，在知識的最終結論，以蘇比諾莎看來，是找到了最終的存在，這個最終的存在，本身就是一個實體，而這實體卻包容了上帝、世界、人。

二、形上學

蘇比諾莎的形上學，因為特別提出了實體的唯一性，同時提出了萬物一體性，在這個實體唯一和萬物一體的原則之下，實體很顯然地就分成兩種不同的表象：

一種表象是「能產的自然」(Natura Naturans)，也就是指出實體向外的創造能力，「能產的自然」就是神或上帝。在另一方面，整個實體所表現的是「所產的自然」(Natura Naturata)，「所產的自然」就是自然界或世界。蘇比諾莎提出「所產的自然」和「能產的自然」兩者的劃分，他的理由是由於我們對自然界和自身反省的觀察，對自然的觀察，可以看出「所產的自然」，即世界所有的表象，所有位置的運動與所有的變化，這些運動變化都在時空之中進行，而時空中的伸展性也就是「所產的自然」的一種屬性和樣態。

相反地，當我們反省自己的思想之時，覺得我們自己的樣態所表現出來的，有時快樂，有時痛苦，這種情緒是屬於心靈的狀態。這種心靈的狀態，主要的屬性是思想，思想後面的實體，就是「能產的自然」，就是一種創造的能力。

在蘇比諾莎的形上學探討中，總是認為實體的唯一，而實體所表現出來的屬性有兩種，一種是思想，一種是伸展性；表現出來的樣態也有兩種，從思想出來的樣態是我們的情緒，從伸展性出來的就是世界上各種的運動與變化。

就在蘇比諾莎這種形上學的考據裡，實體與思想之間的關係，或實體與伸展性之間的關係，或思想與情緒之間的關係，或伸展性與運動變化之間的關係，其中有一種思想的法則，也有存在的法則；而在思想的法則中，特別提出了「同一律」，在存在的法則中，提出了「因果律」。

「同一律」是指出存在等於存在，不存在等於不存在。這種學說早在伊利亞學派已經得到初步的解釋，而到了亞里士多德的邏輯，已經把它完全系統化，這種系統化以後的結論，就是一個實體只能夠變為實體，它不可能變為虛無，存在與虛無之間有一條不可踰越的鴻溝，這種存在等於存在的方式，就是指出實體本身的存在，同時也指出思想性質的把握。

關於存在的法則，蘇比諾莎提出「因果律」，他認為世界上所有的現象都是果，這些果必需有因，宇宙在他的形上學探究中，是成為萬物一體的，萬物一體雖然有變化，有分與合，可是分與合只是一種現象，它的本體仍是一體的。這種本體是一體，現象有分與合，必須有一個原因，這個原因使得宇宙間形成萬物，又使萬物歸為一體；這些原因中，蘇比諾莎特別重視形成因與目的因。

所謂的「形成因」，就是在整個存在的系列中，由快樂、情緒出發，透過思想，而後到達實體；或由運動變化通過伸展性，再回歸實體；所以無論從那一種的現象界出發，從任何的系列出發，都可以回歸實體那裡。因此實體才是存在的最後原因，其它的一切，無論是型態或屬性，無論是思想或伸展性，都是實體的結果，從這些結果就應該推論到實體的原因。可是實體本身，蘇比諾莎認為它是自己本身的原因，是「自因」(Causa sui)，即它本身不是依靠任何外在事物的存在，相反地，外在的一切事物都是依靠實體而存在。

提到「目的因」，即所有人性的情緒或物性的運動變化，只有一個目的，就是使得我們的理性能夠透過這些觀察，回復到實體裡面，追蹤到實體裡面而設法體驗萬物一體的學說。

三、倫理學

蘇比諾莎在知識論與形上學的探討中，得出人生的原理原則，以為人只是實體分受下來的特性與樣態，這種樣態應該如何生存在這個世界上，就是蘇比諾莎哲學落實到塵世間的一個問題。他的哲學動機，開始的時候我們已經提及是「保全自己」，由於他的生活背景和宗教背景，以及民族的背景，致使他對自己的存在、對自己瀕臨民族毀滅的焦慮和不安，所導引出來的學說。

這種學說，蘇比諾莎又可以用知識論和形上學的方法，給予一種最終的基礎，因此他以為只要一個人有了知識或形上學的立場，就等於是保全了自己，因為他已經把自己的存在消融在萬物一體中，消融於大自然與上帝的一體裡。

因為實體唯一，因為人與自然、上帝是三位一體，所以蘇比諾莎認為人再也不需要害怕或擔心，他認為倫理學最主要要提出的是，人在心靈中應該常常喜樂，對生命抱持樂觀的態度，這種樂觀的態度，使得人生存在這個世界上，能夠利用人的理知，利用世界上的一切財富，以愛心待人，以尊敬的心對待上帝。

第四章　萊不尼茲

萊不尼茲 (Cottfried Wilhelm Leibniz, 1646–1716) 是西方近代對於中國文化最嚮往的一個人，他曾經由於聽到當時傳教士在中國發展的情形，看到那些傳教士把中國古代的經典翻譯為拉丁文，到了他手裡之後，他覺得中國文化偉大，尤其是發現了「河圖洛書」，在根本上，是他發明對數表的原理，覺得中國在幾千年以前，已經有了那麼大的成就，所以萊不尼茲曾經托他的朋友，向中國的康熙皇帝申請入中國籍，當時的中國當然不容許一個西夷成為華夏的子孫，因而萊不尼茲的申請不獲批准。在萊不尼茲的日記中，常常記取這回事，引為終生遺憾。

第一節　生平

萊不尼茲於一六四六年生於德國的來比錫。十五歲就開始讀形上學課本，而且在耶拿 (Jena) 大學學習自然科學的方法，十七歲開始寫作，寫作的主題中，尤其是「個別的人」、「單獨的存在」特具興趣。萊不尼茲是位天才，二十歲即獲博士學位，並開始講習生涯，曾經在馬茵茲 (Mainz) 侯爵門下做家庭教師，涉足政治，一六七二年開始遊歷，前往巴黎，後去英國，旅途中認識許多當時有名人物，尤其是一些當時的思想家。

四年後回德國，隨即北遊荷蘭，訪問蘇比諾莎。在巴黎曾經發明對數表，為數學上一大貢獻。後來在漢諾威 (Hannover) 侯爵擔任圖書館職，萊不尼茲交遊甚廣，直到一七一六年逝世為止。

傳說萊不尼茲發明了對數表之後，個性非常驕傲，自以為了不得，當他得到中國的「河圖洛書」的拉丁文譯本之後，把自己的對數表丟到垃圾筒中，認為自己雖然偉大，也不及中國人的腦筋，因此萊不尼茲後期的思想專門注重東方的哲學，曾經以法文寫了一部中國哲學的大作，後來也收集在萊不尼茲的全集中。尤其是後來的書信，與當時在中國的傳教士的書信，完全表現出他嚮往中國文化的心情。

第二節 著作

除了上文提及萊不尼茲嚮往中國的哲學而寫的中國哲學一書外，他對知識論特別有興趣，尤其是對於理性主義開始的笛卡兒或蘇比諾莎以後所討論的一些問題頗具興趣，所以他著了一部《人類悟性的新探討》(*Neuen Abhandlungen über der menschlichen Verstand*, 1704)，在此書中，他特別反對英國經驗論者洛克 (John Locke) 的後天學說，以為人性天生就有一種知識能力以及先天的知識內容。

《單子論》(*Monadologie*, 1714)，此書所言即萊不尼茲設法融通笛卡兒，笛卡兒學派以及蘇比諾莎在理性主義的立場所無法解決的形而上的問題和實體的問題。

《辯神學》(*Theodizee*, 1710)，萊不尼茲在此書中特別以理性證明上帝的存在和特性，因此也從上帝的存在中分受了人類的理性，在我們的知識論中，透過這種與上帝的交往而認識世界的事物。此書表面看來是神學的產品，事實上是要完成他單子論的整體系統，因為在單子論中萊不尼茲認為知識的獲得，是人與中心單子的聯繫，並非由於人感官知識的作用或其它的直觀作用，那麼人和上帝的聯繫，就成為上帝存在和上帝特性的一些問題，所以他寫了《辯神學》這部著作。

第三節　著作導讀

因為萊不尼茲是理性主義的最後一個代表，他集理性主義的大成，因此我們在研究他的思想之時，最好也照著理性主義的方向去讀他的著作，首先讀《人類悟性的新探討》，在此書中，我們可以知道萊不尼茲對於整個知識論的看法，可以完全看出他對思想法則的注重，在思想律中他提出了幾條思想的道路，而這些思想的道路分成幾個層次，某一種思想的法則，只能針對某一種存在的層次，不可越界。

有了這麼些思想的法則來建立知識論以後，才能夠進入討論真正的實體，什麼才是真正的存在。有了萊不尼茲的知識論以後，有了他對《人類悟性的新探討》，提出新的方法與思想法則之後，我們才能夠進而討論萊不尼茲的代表作，即萊不尼茲的本體論，討論整個宇宙本體問題，討論實體的最終存在原因的問題，那就是《單子論》。在這《單子論》書中，萊不尼茲把自己學說的內容編成一個體系，從這個體系中，一方面有蘇比諾莎統一的宇宙觀，另一方面也同時包括了笛卡兒與笛卡兒學派所提出的二元或多元的分立學說。很顯然的，在《單子論》一書中，萊不尼茲設法統一整個理性主義的學說，尤其是統一整個理性主義對於本體或實體的意見，能夠使得整個的理性主義有一個統一的說法，以人性天生來的知識能力，以及天生來的一些觀念，能夠貫通宇宙論與人生哲學。

在認清了萊不尼茲的知識論與本體論（形上學）之後，我們就要讀萊不尼茲的具體哲學，即屬於人生哲學的部分，在此部分中，由於他的形上學的基礎，也就是他的「單子論」(Monadologie) 的設計，使得人在整個宇宙中所佔的角色，所以他特別討論「原神學」的問題，「原神學」就是「自然神學」。「原神學」中特別要從知識論開始去證明宇宙間有一個上帝的存在，然後提出人和上帝存在的關係，提出世界和上帝的關係，最後要結論出世界和人的關係，也就是提出人生存在這個世界上要頂天立地，在倫理學上從人性發展到人格。

從人性發展到人格的這條通路，也是理性主義所強調的一點，這一點後來對康德的影響非常大，使得我們人生存在這個世界上，不但要知道它是什麼，而且特別討論到它應該是什麼，應該變成什麼，所以人性和獸性、物性，在萊不尼茲的想法中，有很大的差別，因為物性或獸性，每一種東西只要完滿了它的本性也就夠了，可是要完成人性，就不只是要完成它的性，甚至超越它的性而成為人格。

當然我們幾乎可以說萊不尼茲的這種想法，多少是受到當時西方傳教士在中國接受儒家思想而傳到西方去的思潮，不只是討論人性，而且要討論人格的問題，同時認為對於人的認識遠不如以人的行為去超越自己的這一方面的常識。所以在讀萊不尼茲的著作時，最後讀《辯神學》，使人生存在宇宙中，知道自己在宇宙間的定位，自己如何在倫理道德上把持自己，從人性超渡自己成為有人格的人，從本性的人變成超性的人，從人變成超人。

第四節 學說

一、知識論

關於萊不尼茲的學說，如同前節「著作導讀」中提及的方向，我們先探討他的知識論。整個理性所發展的方法，也是在他們的思想方面首先著手，設法在思想上找到整個存在的基礎；而在思想的法則中，萊不尼茲最主要的是提出傳統哲學中討論知識論的方式，柏拉圖或笛卡兒的想法，甚至可以遠溯到先蘇格拉底時期的伊利亞學派的方法，都在注重思想的法則，然後希望從思想的法則過渡到存在的法則中，希望把存在變成思想，而思想能夠把握存在，這種由思想到存在之路，萊不尼茲把它分為四個層次，這四個層次也就是提出我們的思想如何把握住存在的東西，提出四種思想律：

1. 充足理由律：萊不尼茲認為所謂的「充足理由律」，比如是凡有果必有因的這種原則，是對所有的存在階層和思想的法則都有效的，物理學和形上學上同樣有效，連倫理學上也有效，有如因緣的法則，所有的因都可以導出果，從所有果的觀察都可以追溯到因，這種法則稱為充足理由律。

2. 矛盾律：萊不尼茲特別指出從亞里士多德以來的矛盾律，不但在思想上有效，而且在實際上亦有效，意思是指矛盾的一個法則，不只是指出思想的矛盾不能夠成為邏輯，就是在實際上也不可能有任何矛盾事物的存在。

3. 連續律：這連續律是萊不尼茲思想特殊之處，認為整個的宇宙，從最小的單位到最大的體系，都有一種聯繫，都是休戚相關，互相聯繫，不能有任何的東西去間斷它，不能夠有東西去剪斷它，也不可能有跳躍的現象，就是說每一種思想都應該有一種邏輯的順序，每一種存在也應該有一種邏輯的順序。

4.單一律：由思想到存在之路只呈現一次，每一種思想的法則，只能夠從思想導引到存在那兒，並非相反地，先有存在後有思想，這一種想法指出了所有存在的目的性。這種目的性當然可以追溯到亞里士多德的四因說，所謂每一種存在，從因果的原則上看的話，最後的原因是目的因，而目的因才是真正地決定了形成因，形式因、質料因，都由目的因來決定，所以整個思想和存在的法則方向，都是由最高的目的走向最後的果，也就是從最終的因走向最後的果，也不能夠有倒流的現象。

從這種思想的法則看來，萊不尼茲是要使得思想有一個整體的架構，而存在在這思想的整體架構中定位，沒有任何的存在能夠脫離思想的範圍，也沒有任何一種思想它不是實有其事地落實到每一種存在的規則中。因為思想的法則，所有的思想律，都是由一個整體所啟發出來的小節，因此所有的存在是屬於一體，從這個一體的存在當中，劃分出許多個別不同的存在，這點可以說是萊不尼茲繼承了理性主義大師笛卡兒，尤其是笛卡兒學派的「和諧」觀念，另外加上蘇比諾莎統一的宇宙觀，此種思想的法則，就是為萊不尼茲的形上學或實體學說鋪路。

二、單子論

在理性主義的形上探討中，我們已經提及笛卡兒或笛卡兒學派所提出的宇宙二元方式，他們無法自圓其說，無法解釋宇宙自然的現象，蘇比諾莎設法以至上神的單一方式去解決整體的宇宙，這種思想也落了空，於是在數學的原理上主張多元或二元的笛卡兒或笛卡兒學派不能夠解決問題，同時主張單元的蘇比諾莎對於問題又無法有所交待，萊不尼茲是理性主義的第三代，很顯然的，他要綜合前面二家之長，把他們整個的學說拉在一起討論。

這種綜合的方式以及綜合的成果，是萊不尼茲所發明的「單子論」(Monadologie)，「單子論」開始的時候，消極方面是要拯救蘇比諾莎忽略個體的危機，因為在蘇比諾莎的哲學中，只有一個實體，而這個實體具有精神和物質兩個屬性，這麼一來，每一個個別存在的東西，都沒有一個自己個別的存在，而所有的存在都在這個唯一的實體當中，萊不尼茲設法把這種忽略個體的方式以「單子」來表明，可是在另一方面，萊不尼茲認為不應該陷於笛卡兒與笛卡兒學派的知識桎梏中，不想在知識論主客對立之上而阻礙了宇宙的唯一性，他認為「單子論」內的學說，一方面應該擁有蘇比諾莎的統一性，另一方面又應該擁有笛卡兒與笛卡兒學派的多樣性。

他的「單子論」，是有一個中心單子，然後有很多很多圍繞著這中心單子的許多單子而構成宇宙，因為由此種方式構成宇宙的話，一方面可以解釋為什麼單子與單子之間沒有交往，也就是說我們不能夠以站在感官世界中的方式去認識另一個感官世界，而應該透過中心單子，在中心單子中看到我們旁邊的一些單子。知識的保障是在中心單子，此點和笛卡兒或笛卡兒學派有同樣的長處；另一方面，有了中心單子後，中心單子下面的或圍繞中心單子的所有存在的東西，又屬於一個系統，它又有蘇比諾莎哲學的長處。

萊不尼茲即採取兩者之長而發展了第三種學說，究竟單子是什麼呢？萊不尼茲認為單子是一種力量，一種能，同時又是一種存在，這種存在，不只是感官世界的存在，而且是觀念界中屬於宇宙萬物的最終元素，因為它是宇宙萬物的最終元素，所以它有無限的數目，因為它的數目無限，所以它可以構成全世界各種形形色色的東西。因為它有無限的數目，又因為它是構成世界形形色色的東西，而東西與東西之間，物與物之間，甚至人與人之間不可能有交往，如果有交往的話是透過感官，但是感官是不可靠的，這在笛卡兒或笛卡兒學派已經提出來的。

如此單子與單子之間沒有交往，萊不尼茲以「單子無窗戶」這句話來闡明，「單子無窗戶」的意思，是一個單子自己無法在知識論上走出自己去體驗別的單子存在的東西，也無法進入自己內部觀察自己的動向，「單子無窗戶」指出單子與單子之間無交往，尤其是沒有知識論上的交往，就更沒有本體論的交往，如此每一個單子都是獨立存在的東西，好像我們的感官世界每一樣東西都是獨立存在的。

雖然每一個單子都是完全獨立的，但是知識還是有辦法發生，知識的發生全靠中心單子，因為每一個單子本身獨立，所以每一個單子是一個小宇宙，這個小宇宙只要它是完美的，它就是整個大宇宙的一種影像，我們只要回歸內心，在自己的內心裡認識自己的話，同時也就是看到整個宇宙的影像，所以這表示出單子與單子之間雖然沒有交往，但是單子與單子間在先天上有「預定和諧」(Harmonia Praestabilita)。這「預定和諧」和亞里士多德的「內在目的性」(Entelecheia) 有同樣的意義，這種「預定和諧」表示每一個單子有獨立的存在，但是它存在的根源在中心單子，這中心單子不但是它存在的根源，而且是它知識的來源。

這種說法有點像柏拉圖的先天說，柏拉圖的知識論認為我們的靈魂以前在觀念界住過，和所有的觀念混得很熟，所以當靈魂降凡到世界上來的時候，透過感官仍然可以看到其它觀念的影像而認識每一種事物。

這「預定和諧」或「內在目的性」的學說中所強調的亦如前文所述，認為每一個單子如果要認識別的單子之時，也只能透過中心單子，這種說法好像我們住在一個大旅館中，一個房間要和另一個房間通話的時候，必須經過總機，總機直接和每一個房間通話，房間與房間之間沒有直接撥號的方式。那麼萊不尼茲的學說就是這種架構，每一個單子都必須透過中心，而後才可以打聽到別個單子存在的方式。

單子本身的運動變化，就萊不尼茲而言，是機械性的，把所有的單子當做一個整體看的話，以中心單子作為指揮、聯絡站，作為整個存在的基礎的話，它是屬於一個目的性，所有的單子都在「預定和諧」或「內在目的性」的情形下，受到保護與控制；在這種保護與控制中，使得單子與單子間透過中心單子而認識、存在，所以每一個單子表面看來是機械性的，但是就整體單子論看來都是目的性的。

萊不尼茲之所以採取「單子論」，有一種說法，他反對笛卡兒以「物體」就是「實體」的說法，因為萊不尼茲認為物體有伸展性，在數學上就是有「積」和「度」，因為有「積」和「度」所以成為可分的，如果是可分的話，就不是終極，就不是實體，因為它不可能是最終的元素，最終的元素是可以分了再分以後的不可分的東西，那麼在萊不尼茲看來，他把這種不能再分的東西稱為「單子」。而這「單子」就是「實體」，最終的一個單子，也就是唯一的、單獨的、最終的，而不可能是物質體卻是精神的，所以萊不尼茲認為物體的存在最終的根本是「精神」，「精神」是屬於單子的東西，所以萊不尼茲在

《單子論》中，自己曾經提過這種說法，他說：「當初我從機械的考據開始，所謂機械的考據，是暫時放下目的觀，而以個別的事物本身的動向、運動變化做研究」，他說：「我從機械的考據開始，鑾以為可以從物質的世界中找出存在的原理原則，可是後來大失所望，使得我從數學的方式中回到形上學，從質料回到形式中」。

這種對於物與物，心與心的關係體認，可以說是漸漸地知道整個宇宙存在的原理原則，因為在整個宇宙的原理原則中，物與物之間，心與心之間，或心與物之間的關係，都應該有很明顯的規定。物質因為有伸展性，它的可分性，所以不可能成為最終的元素，最終的只能是心靈，所以在整個存在的階層上，物質是表層，而心靈屬於內層。因此，萊不尼茲認為笛卡兒把心與物分為兩種不同的實體就是很大的問題。

在萊不尼茲的「單子論」中，很顯然的把所有的單子分為兩種，一種是必需的，所謂必需的單子，就是在知識論上常常清晰明瞭，因此它代表了永恆的真理，這種真理要透過人的理知去體認，因為它可以透過自動自發的理知而能夠體認出來，所以它是必需的。另一種單子是偶有的，是我們日常生活中的事實，而且大部分屬於感官的，因為屬於感官，所以它不太清晰也不很明瞭，是可有可無的。

這種單子的二分法，本來萊不尼茲是要取代笛卡兒的二元論，也可以使得蘇比諾莎的單元論有一個理性的解釋，因為必需的加上偶有的才是我們日常生活的真象，就在這種單子的二分法中，必需的單子只有一個，即所謂的中心單子，這個清晰明瞭的中心單子，不但是知識論的對象，同時也是本體論的終極，所以它才是真正的實體，因為它是純精神的，這個純精神的中心單子可以把所有其它的單子聯繫起來，其它的單子不但是有物質性、伸展性的單子，就是連其它的分受了精神性的單子，也能夠在中心單子中成為一體。

所有其它的偶有的單子，則在整體的宇宙論中屬於普通單子，屬於小宇宙，每一個單子與單子之間沒有窗戶，因此沒有交往，要交往的話，都是向著中心單子，以中心單子的預定調和指引每一個單子的動向，所以所有單子的動向、行為都是受中心單子的控制。在萊不尼茲的宇宙論中，是有一個目的性，這目的性由中心單子來決定，如果每一個單子以隔離的方式看來是機械的，可是以整體看來是目的性的。

這種預定和諧是先天的，就是每一個單子在存在的時候就已經得到這個本質，從這種本質中，它是獨立的，自己獨特地成為一個小宇宙，沒有窗戶，於是和其它的單子沒有來往，甚至沒有關係；但是在另一方面，它有預定的和諧，使每一個單子不會完全被隔離，因為能夠在中心單子中找到與其它單子的關係，如此萊不尼茲的「單子論」，主要的是統一蘇比諾莎的「一」與笛卡兒學派的「多」，使「一」與「多」得以貫通，有一種和諧，這種和諧以精神的中心單子作為聯繫。

三、原神學

在「原神學」中指出一切的單子都是預定的、和諧的，而這預定與和諧都是向著中心單子。如果我們說所有普通的單子，都可能分受一些物質性的話，這中心單子完全是精神體，只能夠用理知的清晰明瞭去把握，因此每一個單子在自己的運動變化中，屬於機械的，因為它是早已預定的，但是就全體的單子站在全體的宇宙動向看來，卻是目的的，這個目的由中心單子所決定。

可是如何知道有一個中心單子的宇宙呢？顯然的，萊不尼茲在這裡利用了神學的方式，利用以前證明上帝存在的論證來證明這個純精神的單子存在，也因此指出整個的宇宙是由他的「單子論」的結構而構成的。萊不尼茲提出四種論證：

㈠實體論論證：所謂的實體論，以萊不尼茲看來，是從知識論的基礎開始，他指出如果在邏輯上，神可能存在的話，則在本體論上神是一定存在的；因為在邏輯上的可能性，指出因果的必然性，因為神在存在的階層上，祂是基礎，而在思想的階層上，祂也是基礎，不過是在本體論方面，神是最先存在的，在知識論上，神是最後被發現的。萊不尼茲繼續提出，只要世上有存在，則必需有最終的存在，因此他結論：我們的世界有很多東西存在，所以證明出有最終的存在，即中心單子的存在，也就是神的存在。

㈡萊不尼茲在第二種證明中，指出我們在知識論上追求永恆的真理，而真理必須有基礎，因為我們如果要獲得永恆的真理的話，必須依靠清晰明瞭的觀念，而清晰明瞭的觀念必須以清晰明瞭的理知才可以得到，而在理知的最後邏輯推論中，理性的本身如果它自己能夠自滿自足，它本身就已經是神。這個論證，萊不尼茲取自柏拉圖的觀念論。

㈢世界，尤其是感官世界的存在必須有一個存在的本質，也就是說應該有一個存在的實體，必須自身存在的，不是由於其它的東西使它存在的，因此在所有的可能性或偶有的事物後面，都能夠找到一個必然存在的東西，這就是神。

㈣萊不尼茲在第四個論證中，說明了他的「單子論」的最後基礎，也就是「預定和諧」，「預定和諧」所要求的是最後的一個目的因，也就是我們在觀察整個宇宙現象中所提出的一個哲學的最後問題，為什麼有事物存在；這「為什麼」的要求，使得每一種存在，無論是質料因、形式因或形成因，都要追溯到最後的目的因，萊不尼茲稱之為神。

在萊不尼茲的哲學中，當然最早的一個假設，是神創造了世界，而且是一個非常完美的世界，萊不尼茲以為神在創造世界中，早就已經考慮到許多可能的世界，已經作了一個選擇，尋找一個十全十美的世界，而在所有可能的宇宙中，我們現在的這個世界，萊不尼茲認為是最美好，最有次序，最能夠滿足我們理知生活的一個世界。也就由於在這種預設中，萊不尼茲碰到一個倫理學上最大的問題，即「惡」的問題，為什麼上帝是善的，又讓一些罪惡停留在這個世界上？

也就是說，上帝創造了一個最完美的世界，為什麼又會有一些罪惡的事情發生呢？萊不尼茲提出了解決的方式，他把「惡」分為三種：形上的「惡」、物理的「惡」、倫理的「惡」。

(一)萊不尼茲認為形上的「惡」是必須的，所謂形上的「惡」，表示雖然這個世界本身是十全十美的，但是由於它是偶有的存在，這偶有的存在和那必須存在的上帝比較之時，覺得世界本身並非十全十美的，有很多的缺陷，所以形上的「惡」是必須的，否則會與那十全十美的上帝有所矛盾。

(二)物理的「惡」，有如自然界中的疾病、痛苦、天災等等，由於物自身的有限性與不完美性，因為事物不完美與有限，剛好可以襯托出「善」來，所以萊不尼茲以為為了「善」，物理的「惡」也是必須的，使人可以透過物理的「惡」，知道「善」的完美，使人因此可以在有缺陷的物理世界中，去追求「善」。

㈢倫理的「惡」的問題，萊不尼茲認為有人作惡或作壞事，目的根本不是為了作惡或作壞事，而是為善人有一個立功的機會，使善人能夠更發奮圖強更趨向善。萊不尼茲認為如果世界上沒有惡人，怎麼會有善人呢？世界上沒有罪惡，如何證明出一個人是善人呢？

因此在這三種論證之後，萊不尼茲結論出：惡的存在是為了善，使善更清晰明瞭，使人更去追求它。

在倫理學中，剩下的一個問題就是宗教信仰，萊不尼茲是理性主義的一個學者，總是脫離不了理性主義的本色，以為我們應該先認識，然後才相信；在哲學與神學的比較中，以為恩寵與理性，超然與本然，都是兩者互相補足的，兩者互相調和，他不相信超然與本然的絕對劃分，也沒有恩寵與理性的絕對劃分。

很顯然的，理性主義發展到萊不尼茲以後，就無法再發展了，因為從笛卡兒懷疑論開始到肯定心物的二元，到笛卡兒學派肯定心、物、神的三元之後，由蘇比諾莎出來，把多元統一在他的單一神論中，整個宇宙只有一個實體，萊不尼茲把前面的學說統合起來，創立「單子論」，使得一元論與多元論，能夠在「單子論」中得到調和，這種調和畢竟還是理性主義的一個結果；因為理性主義在開始的時候，提到做學問的方法應該是懷疑，可是一步步地發展之後，使得理性主義走入獨斷的境界中，認為一切的東西都是一體，能夠以「預定調和」的方式，使得單子與單子間沒有交往，而與中心單子則有一種先天的「預定調和」，獨斷的方式，使得理性主義的哲學走向了末路。

如果理性主義要再往前走一步的話，就必須從萊不尼茲的「單子論」中，再設計出一種宇宙的架構，我們說無論誰再提出另一種架構的話，這種架構不可能超過萊不尼茲的「單子論」，因為他不然就得承認宇宙的二元或多元，不然就得承認單元，無論笛卡兒或笛卡兒學派的二元或多元，或蘇比諾莎的單元，都統合在萊不尼茲的「單子論」中，既包括了單元，又統合了二元的學說，在這種新的學說中，我們無法加上其它任何一種可能性；因為在理知的清晰明瞭的原則之下，每一種存在物，不然是單一，不然就是眾多，不然就是單一和眾多的混合體，不會再有其它的存在的可能性。

理性主義發展到萊不尼茲之後，已經走上末路。

第三部分　經驗主義

近代哲學的起源，固然有理性主義相對於中世而提出懷疑作為方法；可是在另一方面，近代思想的一大特徵，是自然科學的發展，就是人類對於感官世界的興趣，人類對於掌握世界財富的一種信心，人要征服世界，當然首先得認識世界，而認識物質世界中，首先要討論的還是知識論的問題，經驗主義的誕生，早在十三世紀時，牛津與劍橋大學負責用感官的方式，利用實驗的方式，去追求知識的內容。

如果我們說十三世紀初期，巴黎大學在學問的分工合作上，代表了理性主義的話，則劍橋與牛津等英國大學就孕育了以後的經驗主義。經驗主義所注重的，不再是理性的直觀，不再是清晰明瞭的觀念，特別注重感官經驗，以為我們的感官耳、目、口、鼻、手足所直接感受到的聲、色、香、味、觸這些東西才是真實的，因此經驗主義最主要的信念是知識的被動性與受動性，因為我們的感官，相對於外在世界而言，多多少少是被動性；理性主義所強調的理知直觀，強調知識的主動性。

這種強調知識的被動性的方式，以做學問的方法而言，它注重經驗、觀察與歸納。哲學的方法自從法蘭西・培根發明歸納法之後，可以說是一反以往傳統演繹的方式，希望哲學的初步工作——知識論，也能夠配合自然科學的研究，在觀察、實驗當中，歸納出原理原則，再應用到人文科學方面。

歸納法的應用，首先要提出知識的來源問題，而這知識的來源卻強調感官經驗，以為唯有透過感官經驗才有知識，凡是不透過感官經驗，只是理性的清晰明瞭的觀念所得出的東西，都不是真實的。經驗主義學者所提出的最主要論證是，一個天生而盲的人，不可能有顏色的觀念，如此證明所有的知識非要通過感官不可，凡是在感官中沒有的東西，在腦裡也不會有，因此在知識的內容和知識的來源，經驗主義和理性主義就分道揚鑣。

因為理性主義認為人不但生來就有認識能力，而且有認識的內容，認識的內容是清晰明瞭的觀念，尤其是所有的數理形式；可是經驗主義學者認為沒有任何的先天觀念，所有人類的知識都是後天的，而且它的起步都是經過感官經驗。因此在西方近代的思想中，在知識論的探討，英倫三島成為經驗主義的溫床，歐洲大陸成為理性主義的地盤。

因為從文藝復興開始，西洋脫離了拉丁文的控制，各民族發展了母語運動，用自己媽媽的話寫書，因此經驗主義首先以英文著作，相對於經驗主義的歐洲大陸的理性主義，一部分用法文，另一部分用德文。也就從此之後，凡是屬於英語體系的，無論是英國、美國，英國殖民地或與美國友好的國家，都受到經驗主義的影響，凡是受到歐洲大陸影響的，如法國、德國比較注重直觀的知識，比較不相信經驗主義所提出的意見。

經驗主義的發展，就整個哲學史演變而言，從古羅馬開始，尤其是司多噶學派、伊彼古羅斯學派已經開始對「經驗」有很大的興趣，甚至我們可以這麼說，如果理性主義最早的始祖是柏拉圖的話，那麼經驗主義的始祖該是亞里士多德了。亞里士多德的知識論，從他整個邏輯的思維體系之外，都是要透過感官的經驗得到概念，再得到判斷、推理。

在中世以後，有唯名論的出現，這唯名論也可以說是完全站在感官經驗的立場，對於中世的信仰抱持了懷疑的態度，近代的哲學思想，當然從法蘭西·培根開始，在自然科學的運用上，利用歸納的方法，直到霍布士和洛克兩人，才開始真正地提出歸納法的原理原則和運用，從洛克以後的柏克萊、休謨兩人，成為經驗主義的三鉅子，與理性主義三鉅子：笛卡兒、蘇比諾莎、萊不尼茲相對立。

經驗主義所提出的哲學對象，當然在起初的時候，根本上與理性主義相同，總是想找出什麼是真正存在的，在近代哲學的主要問題，是實體之爭。在實體之爭中，理性主義當然佔了很主要的角色，而經驗主義也分擔了很大的責任，因為經驗主義所討論的是，我們的主體如何能夠認識外在世界的客體，換言之，外在世界的客體如何呈現在我們的腦裡呢？即外在事物如何利用它們的聲、色、香、味、觸來對應我們的耳、目、口、鼻、手足，我們的五官如何接受外在世界的感官與料，在我們的內心，如何透過這些感官與料，成為我們的概念，如何以反省的方式，使我們得到知識。

經驗主義最主要的這種方法，可以說是從開始就肯定我們的感官有認識外在世界的能力，而外在世界的感官與料也真正地可以呈現在我們的感官面前，呈現在我們的心靈裡面成為概念，然後人類的心靈可以把這些概念加以加工而成為知識。

由經驗主義所導引出來的，很顯然的是有十九世紀的實證主義，甚至有唯物的傾向，因為理性主義導引了唯心論，而經驗主義多多少少地導引了唯物論。這種現象本來就指出系統的哲學有其演變的一貫性，也指出哲學發展途中，有一種必然的情形。在一個人特別注重感官的能力與感官的作用之後，自然就會冷落了精神的價值，在一種學說特別地注重精神作用，也會漸漸地忽視感官世界，這也就是西洋近代理性主義與經驗主義兩方面都走向極端以後，所得出的必然結果。

理性主義的結果是從懷疑到獨斷，而經驗主義則是由獨斷漸漸地走上懷疑。我們現在分章介紹經驗主義三鉅子：洛克、柏克萊與休謨。

第一章 洛克

洛克 (John Locke, 1632–1704) 是英國近代經驗主義大師，主張一切知識都來自感官。

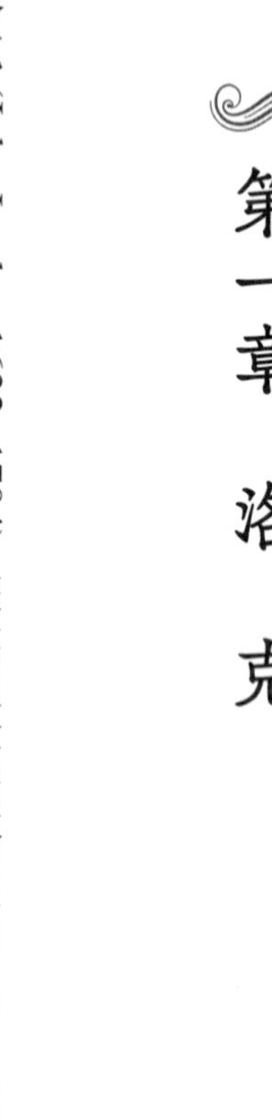

第一節 生平

洛克是一位律師之子，生於一六三二年。他的父親由於職務上的關係，與達官貴人相交甚好，所以利用關係送他到韋斯敏斯特學校讀書，在此校中，洛克學得拉丁文與希臘文，也學得一點代數，可是洛克並不滿意學校生活，對於這些古老的東西沒有多大興趣，中學畢業以後，進入牛津大學，在牛津學習西方傳統哲學，有古典語文及少數數學課程，可是他在大學中，不滿於傳統的士林哲學，所以私下讀唯名論者歐坎的著作，歐坎此時在牛津大學相當著名，洛克在牛津大學中，也接觸到笛卡兒的著作，尤其是笛卡兒的《沉思錄》，可是十分不滿於笛卡兒的先天學說，因此決定在哲學上提出另一種系統來反對先天的學說，反對傳統的學問方法。

他在牛津大學獲得學士、碩士學位，並且也教授希臘文與倫理學的課程，可是當他開始做講師以後，卻關心物理、化學的課程，也對醫學有興趣。在醫學院畢業之後，也有一段短時期行醫，在一六六五年他與英國的一位大師到了瑞士，回來之後，曾經長期行醫，並且做了教學的工作，在一六七〇年，開始出版他的著作，《人類悟性論》出版後，受到各方面良好的反應，而且此書在當時的西方，幾乎是除了基督宗教的《聖經》之外，最暢銷的一本書。

因為他在此書中，開始以歸納的方法，講出人類的悟性如何需要透過感官而得到知識，因此頗受英國各大學的注意，大家設法研究他的學說，然後洛克週遊其它各地，到過巴黎，遇見笛卡兒學派的人，因為當時巴黎是哲學家之城，各地所有哲學家都要往巴黎，與其它各派系接觸與辯論，而發展個人自己的系統。一六七五年到一六七九年，幾乎全部的時間都在法國渡過，和所有理性主義學者討論知識的問題，然後一六八三年到一六八九年到荷蘭，後來返回英國，一七〇四年死於家庭遺傳的肺病。

洛克一生致力於知識的研究，可是在另一方面，也特別注重教育，並且在政治上的倫理道德的問題或政治的問題上，都很積極參與討論，所以洛克幾乎可以說在經驗主義大師當中，是一個很開放的人，能夠在社會中討論各種的問題，雖然他本身在知識論或哲學上是一個經驗論者，但是在社會的工作上，卻是一個非常有理想的人。他的教育與政治，幾乎都是站在柏拉圖理想國的立場而做討論。

第二節　著　作

洛克的著作很多，所涉及的範圍也很廣，依照年代早晚，試舉出他六部主要的著作：

《論寬容》(*Epistola de tolerantia*, 1689)。

《市政二集談》(*Two Treatises on Civil Government*, 1690)。

《教育叢談》(*Some Thoughts Concerning Education*, 1693)。

《人類悟性論》(*An Essay Concerning Human Understanding*, 1693)。是洛克的代表作。

《理性與宗教》(*Reason and Religion*, 1694)。

《基督宗教探微》(*The Reasonableness of Christianity*, 1695)。

單看洛克這些著作的名稱，就可知道他涉及很廣，其中有哲學的知識論，有宗教哲學，有教育哲學，有政治哲學，也有倫理哲學；而且很顯然的，他的思想路線，首先探討倫理的問題，那就是首先出版的一部著作《論寬容》，然後由倫理走進政治，即《市政二集談》，再從政治走向教育，即《教育叢談》，同時也開始建構他的哲學體系，即《人類悟性論》，在哲學的體系建立以後，走向宗教的探討，即《理性與宗教》的問題，從哲學走向宗教信仰，而在宗教信仰中，特別探討西洋宗教，即《基督宗教探微》。

第三節　著作導讀

我們要全盤了解洛克的哲學體系或思想體系，也可以依照年代的先後去讀他的著作，可是所有的著作所討論的，可以在他的代表作《人類悟性論》找到最主要的大綱，以及他的學說內容。因此研究洛克的哲學或洛克的思想，通常好好地研究《人類悟性論》也就夠了。

《人類悟性論》一書分為四卷，卷一特別提出理性主義的學說，理性主義以為有先天的觀念，洛克在卷一中分為四章討論，認為人生不可能有天生的觀念，人天生的悟性好像一塊白板，上面沒有任何東西，有東西的話都是透過感官經驗而印上去的，在卷一中，洛克特別好好地研究理性主義對先天觀念的看法，無論是用觀察的方式或實踐的方式所提出的原理原則究竟是什麼；卷二是洛克此書的重心，內容非常豐富，分為三十三章，在此卷中，洛克開始提出觀念的問題，提出我們如何在我們的知識探討中得到一種觀念，如何透過感官經驗，然後經由理性的反省，慢慢地得出概念、慢慢地由概念得出推理與判斷，而獲得知識，在此章論觀念中，特別以分析的方式，藉著歸納的方法，舉出認知的主體有那些本質和特性，同時也提出認知的客體有那些本質和特性。

而在這種探討中，洛克的分析方法發揮了最大的效用，以為主體是有主體的實體，可是除了實體之外，主體還有感官，耳、目、口、鼻、手足，就是我們認識世界的本錢和基本的條件。而在客體方面，除了客體本身的實體之外，還可以分為第一物性與第二物性；所謂第一物性是我們不能直接碰到的東西，而第二物性是我們的感官：耳、目、口、鼻、手足所得到的聲、色、香、味、觸。

所有客體的存在，除了實體之外，都有它的第一物性和第二物性當做屬性，我們的知識是透過我們的感官去把握客體的第二物性，然後再推論到第一物性，最後才回到實體的存在。

每一種外在世界的存在，除了實體以外還有屬性，樣態，而樣態所表現出來的，是我們的感官可以直接接觸到的東西，而感官得到的一切，都需要經過我們的悟性加以消化和加工，然後得到概念；可是人性的認知能力，不只是依靠感官作用，而且有時也會有幻想，有一些不正常的推論，有一些錯誤的想法，這些東西洛克在卷二中，有清楚的交待。

卷三特別討論語言的問題，討論人類如何利用概念、語言而代表我們的思想，所利用的所有概念與所利用的字究竟是什麼意思，在卷三中都已提出，卷三是早期的語言學方面的書，共分為十一章，它不但討論出人類語言正當的用途，同時提出一些誤用的語言或誤用的字源，我們如何以經驗主義的方式去避免。

卷四就是《人類悟性論》的整個結論，因為是此書的結論，所討論的問題是整體知識的問題，討論的是可靠的知識和一些可能的知識問題，可是一提到這些知識在西方的學說中，就不能不提到人類的知識、以及人類知識的等級，甚至在人類的知識中，討論到知識的對象，不能不把上帝的存在也囊括於內，因此在洛克的探討中，總會提到從知識論走上形而上的問題，從知識走上形而上，洛克在此書中也有清楚的交待，卷四分為二十一章，二十一章所討論的都是人性在天生的知識能力中，如何建構後來的知識。

當然在洛克書中的最後一卷，必然會涉及西方傳統很主要的問題，就是知識與啟示的問題，洛克在這裡，也得想辦法，解釋我們的悟性對於啟示究竟採取那一種態度，因為如果他的最根本的知識原則，是要透過感官的話，需要透過檢證的話，那麼所有屬於理知以外的知識，他都不能夠接受，這麼一來，可以說洛克自己本身站在哲學立場的知識所無法達到的信仰層次，就得利用其它宗教的著作來彌補。我們幾乎可以說，洛克的《人類悟性論》所沒有提到的東西，就要在他後期的作品《理性與宗教》或《基督宗教探微》這兩部著作中找到註解，使得他的知識從感官透過理知，還會達到信仰的層次，除了我們的感官得出的知識之外，還有一些透過想像或信仰得出的知識，也就是說，除了知識之外，還有信仰的層次，而人本身除了感官以外，還有理性、信仰的層次，屬於一個多多少少是立體的架構，不是完全數理平面，更不是完全數理知識的東西。

第四節 學說

洛克的學說，我們可分為三方面去看，分為三種層次討論。

一、知識論

近代哲學的特性，無論是理性主義或經驗主義，在開始之時，都對知識論有特別的興趣，洛克和笛卡兒一樣，首先提出知識的問題，在知識的問題中，又提到知識的起源、分類以及獲得知識的過程。

（甲）知識的起源

洛克與笛卡兒學派的學者接觸以後，對於天生的觀念有很大的反感，他以為所有的知識都應該透過感官才可以獲得，所以他反對先天觀念之說，以為所有的知識都是後天獲得的，天生來沒有帶來一點先天的知識，就連思想中的邏輯的原理原則，都是由歸納所得出的，比如同一律、排中律、矛盾律，洛克以為這些都不是天生的，他指出最主要的理由，是小孩子或白癡，都不會有這些邏輯的概念。

他以為天生只有一種東西，那就是人類的悟性能力，如此這種悟性的能力，在經驗主義開始的時候是被動的，它需要由感官從外界認識一些東西進來，外面的東西變成主要的，而人類的悟性成為被動的東西，所以他說人類的悟性或人類的心靈好像一塊白板(Tabula rasa)，在這塊白板上，根本沒有人類知識的影子，這塊白板只是一塊知識的可能性，而且是接受知識的可能性，它是消極的、被動的。

因而就洛克看來，知識的起源問題，人類的悟性等於一塊白板，可是人天生來還有另外一種能力，那就是感官，感官等於窗戶，外面的感官世界的影像，可以透過這個窗戶到我們的心靈裡面，在心靈印上一些印象和觀念。這樣透過感官，我們心靈的白板就會寫上一些東西，而這些東西成為原始的資料，我們的心靈除了感官的這種作用之外，馬上就有一種「反省」(Reflection) 的作用，由記憶作用把這些觀念保留下來，然後以反省的方式去加工，而形成知識。

(乙) 知識的過程

洛克在解釋我們知識的起源問題的同時，提出了究竟人類天生來如果沒有任何知識，那麼知識是怎麼來的呢？在洛克的解釋，是利用分析的方法，分析以後又用歸納的方式把整個知識發展的過程說出。

他的分析方式，就是一方面把認識的主體，分為感官和心靈兩部分，而把知識的對象，即知識客體的物性也細分下去。以為主體除了心靈之外，還有對外的一些感官，即耳、目、口、鼻、手足，而外在存在的客體，物除了實體以外，還有第一物性與第二物性，或者稱之為物之初性與次性。

洛克在分析物性之時，以為第一物性有五：伸展性、形態、動與靜、數量、獨立性，他以為第二物性很多，比如聲、色、香、味、觸、冷、暖等；洛克又說明他把物性分為第一與第二的理由，他指出第一物性是由於可以直接以記憶想到的理知作用，而第二物性則需要反省才可以得到，因此在洛克的意向中，物的存在最根本的是實體，再而是附屬在實體上面的第一物性，再後是第二物性。

那麼究竟在認識的過程中，人性如何去認識物性呢？洛克的解釋方式，是人的心靈（實體）有如一塊白板，可是它有接受知識的可能性。然後人又有感官，可以透過感官和外在世界接觸，能透過感官和外在世界的什麼接觸呢？洛克在此指出是和物的第二物性（次性）接觸，也就是說，我們利用耳、目、口、鼻、手足去接觸外界的聲、色、香、味、觸等的事物次性。

從這種對應中，我們的心靈中就有聲、色、香、味、觸的觀念，這些觀念我們以記憶的方式保留下來，變成知識的材料，而把知識的材料加以加工，心靈的加工，就是反省作用，由於反省作用，慢慢地澄清觀念或觀念與觀念之間的關係，加以連結或分離，成為我們的判斷、知識。

可是在獲得知識以前，洛克依照經驗主義的方式和態度，還要先把那些觀念澄清，說明在我們白板的心靈上所得到的觀念有多少種。

（丙）觀念的分類

經過感覺 (Sensation) 和反省 (Reflection) 所得出來的觀念，洛克把它們分為二種：一種是單純的，另一種是複合的。

單純的觀念有四種來源：

1. 經由單一的感官而來的：如顏色，直接由視覺所得來。
2. 經由幾種感官而獲得的：如伸展性，可由視覺、觸覺而合得。
3. 經由反省得來的：如思想、意願、外界事物的延續等等。
4. 同時由感官與反省得來的：如能力、存在、快樂、痛苦等等。

這些單純的觀念，在我們的心靈中，人類還可以把它們變為複合的觀念，好像由單字可以構成語句一般，所有的複合觀念因此都不是直接由感官經驗而來的，而是由內在的經驗所得到，所有的複合觀念都是抽象的、普遍的。

在複合觀念中，有樣態 (Modi)，實體 (Substantiae)，關係 (Relationes) 三種。

樣態自己無法獨立，要存在就得依賴他物，比如伸展性、運動、空間、時間，自己本身沒有任何一種存在，要存在的話，就得依附他物而存在。樣態無法自己獨立存在，可是實體可以自己存在，實體的意義是自己本身可以自己存在，自己有自己存在的基礎，而樣態只是實體所顯出的特性而已。所以由感覺所得出的實物，是透過它的樣態、屬性而找到它的物體，由反省得來的卻是精神體，沒有伸展的實體。

可是，這物體和精神體都不是我們所知道的，我們所接觸到的只是樣態或思想。

關係概念起源於比較、因果關係，時空觀念以及同異觀念都由之而生，也就是說，我們得到觀念以後，通常都會研究觀念與觀念之間的關係。

由於知識的起源、知識的過程與觀念分類的探討，洛克以為利用這種經驗主義的方法，就可以找到可靠的知識，這種可靠的知識究竟有多少種類，就是我們下面要討論的問題。

(丁) 知識的分類

雖然我們上面提及洛克肯定知識要來自經驗，而且是感官經驗，可是從感官經驗得到知識以後，感官作用就失去效用，人就可以不再利用感官作用，僅憑心靈的記憶和心靈的反省能力，創造更高一層的知識。洛克在知識的分類上分為三種：

1. 直觀（Intuition）的知識：洛克贊成或以為感官的知識才是知識的來源，可是人類最高的知識，還是直觀的知識；直觀的知識是自明的，用不著任何證明或解說的認識，比如說笛卡兒的「我思，我存」，洛克認為那是自明的，用不著證明，而且也不能夠證明；比如黑色不是白色，圓形不是三角形，二等於二等等，都是自明的真理。

2. 論證的知識：就是我們在反省作用中，把兩種或兩種以上的觀念聯起來或拆散，這種證明需要論證，比如說「上帝存在」，就是要把「上帝」和「存在」兩個觀念聯起來，這是需要提出證明的，要證明最好是利用直觀的知識，否則就要利用感官的知識。

3. 感官的知識：是最低層的，也是最底層的知識，屬於單獨的、個別的、具體的事物；雖然如此，我們在感官的知識還是無法得到實體和第一物性，只能得到第二物性。

（戊）知識的可靠性

正因為洛克利用分析的方式，把主體分為心靈與感官兩部分，把客體分為實體和物性兩部分，在分析我們的知識過程的時候，把物性分為第一物性和第二物性，最後發現知識的起源是感官和第二物性的接觸，也就是說，主體的實體（心靈）與物體的實體，甚至與物體的第一物性根本上沒有聯繫；我們以別的語言來表達的話，這是指主體與客體互不出面，主體派感官出來，而客體提出第二物性作為代表，這兩個代表來交談知識的問題，所以洛克分析到這種地步之時，知識的可靠性頗值得懷疑。

在這種懷疑的情形下，洛克對知識論無法加以肯定，也因此從知識的獨斷走向懷疑。當然洛克的知識論，有了這一個絕對的預設之後，以為主體和客體之間不可能有直接的交往，如此他非得回到理性主義的邏輯關係中不可，以為主體和客體在天生來就有某種相同的因素，所以他才能夠獲得知識，在分析和歸納的方法之外，還能夠利用一種天生來的直觀，使得心靈畢竟多多少少地可以默觀到客體的實體存在。

所以在主體透過感官而把握住外在世界的第二物性之後，主體還有一種直觀的能力，可以接觸到物體的客體，可以接觸到客體的實體，因而創造一些名詞、概念，而代表客體。

二、形上學

本來經驗主義的出發點與基礎，是反對形上學的，可是我們在這裡所謂的形上學的意義，並非亞里士多德所提出的形上學的通盤意義，只是提出每一種存在的根本，存在之所以為存在的探討。洛克跟著笛卡兒的想法，也把實體分為兩類，也就是說有心靈的實體存在與客體的實體存在。

這兩種實體有不同的屬性，不同的屬性又展示出不同的樣態，心靈的實體的屬性是思想，樣態是喜怒哀樂的情感；客體的實體是物，物的特性是伸展性，特性所顯示出的樣態是運動。因此在洛克的本體論或形上學裡，所提出的根本上和笛卡兒所提出的一樣，所不同的是我們如何把握住這些不同的實體，用那一種知識的方式去把握它，就是洛克和笛卡兒分道揚鑣之處。

三、倫理學

洛克在知識論、形上學之後，同時討論倫理道德的問題，這倫理道德的問題，當然是依照經驗主義的原則而討論的，以為感受到的快樂和痛苦，是分別善惡的尺度，同時也是倫理的標準。

不過洛克在此，主要的並非討論個人的快樂或痛苦的感受，而是提到人與人之間的關係，提到一個人心靈痛苦時，可以用教育或交往的方式，從別人那裡得到一些安慰，所以他特別重視政治社會，特別注重人與人之間的關係，而因此特別重視教育的問題。

教育需要國家的支持，國家有權利，也有義務教育自己的國民，使得國民在某一方面有責任，在另一方面有權利，他特別討論自由的問題，以為人可以利用自己的自由，去建立一個富強康樂的國家，建立一個正確的人生觀。

洛克在他的倫理學上，發展得最深刻的，還是他的宗教哲學，利用信仰與理性對立，以為理性的目的是找尋真理，而宗教由啟示來幫忙，如果啟示把真理先闡揚出來，則理性的工作就可減輕。所以他提出理性和信仰有時可以互相補足，他認為宗教是必需的，人不但有理知生活的一面，而且有情感生活的一面，不但有感官作用的一面，而且有直觀的一面。

第二章 柏克萊

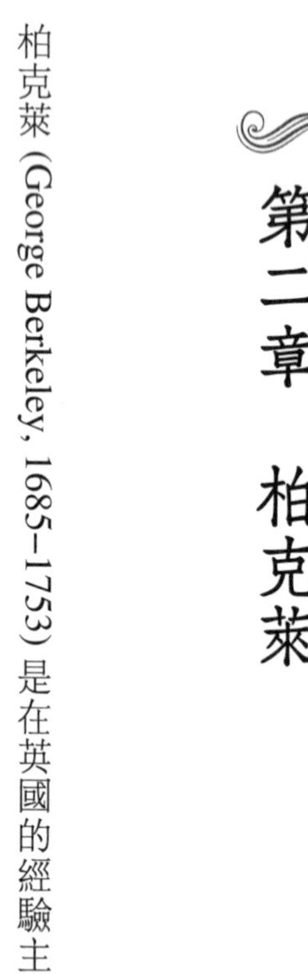

柏克萊 (George Berkeley, 1685–1753) 是在英國的經驗主義系統中，唯一創造出形上學體系，從感官世界的感受，透過理性的思考，而仍然找到存在本體的一個哲學家。

第一節 生平

柏克萊出生於愛爾蘭望族，在他父親的一代，已經遷徙英國居住，首先他在都柏林的神學院讀神學，也修習數學，在這個神學院他考取大學的學位，畢業後留校任講師，同時也做過七個大學的訓導工作，他在求學時期，讀過笛卡兒的作品，甚至閱覽過馬萊布郎、洛克、牛頓等人的作品。

他在所有的辯論會以及演講中十分成功，由於他許多著作與當時英倫三島的學說有很大的衝突，可是他的口才與雄辯，使得當時的學者不得不折服。後來他遊歷巴黎，義大利各大城，發表了他主要的經驗主義思想，本來他有意用思想解救美國的自由主義，可是這種政治性的嘗試並沒有成功。一七三四年就職南愛爾蘭的主教，於是學術寫作的工作因而中斷，一七五三年死於牛津。

第二節 著作

柏克萊的著作，屬於經驗主義而又承認形上學，同時也為形上學辯護的學說，因此他的著作在這方面也很特殊，依著年代，其著作為：

《視覺新論》(*Essay Toward a New Theory of Vision*, 1709)。

在此書中，柏克萊提出與馬萊布郎等人的不同的學說，他的意思是指我們的視覺對外在世界的體認，開始的時候都是零星的，沒有整體的架構，整體的體認是由我們的理知，也就是說，從我們的心靈才可以得到外在世界存在的整體，我們對任何知識的對象的名詞或符號，都是一個整體的東西，而這整體不是透過視覺而得來的。

所以我們提到視覺的時候，不應該只提到感官經驗問題，而是要把時空、運動、存在拉在一起討論，尤其是在我們心靈裡面對這些東西的心理狀態更為主要，這《視覺新論》奠定了柏克萊以後的唯心思想體系，以為外在世界所給予我們的視覺是零星的、瑣碎的，而沒有整體，更沒有系統的東西，可是我們的知識屬於有系統和有體系，這些系統和體系都是我們心靈的作用，是我們心靈天生來就有的方式，因此柏克萊在此書中，已經反對洛克的方式，因為洛克以為所有的知識都是由感官經驗而來，天生來的只是一塊白板，但是柏克萊以為知識是屬於被動的，從感官得出的零星的、沒有系統的東西如何編成體系，這種能編成體系的東西，表示我們的心靈不但有模仿的作用，而且有創造的作用，人是由於自身整體的創造能力，而統合外面零星瑣碎的一些感官經驗。

《人類知識原理論》(*A Treatise Concerning the Principles of Human Knowledge*, 1710)。

在這本關於原理的書中，柏克萊提出在知識論的對象中，不但是我們所以為的客觀的東西，而主要的是在這些客觀的東西旁邊還有一些東西，這些東西就是我們的主觀能夠達到客觀東西的媒介，這媒介究竟是什麼呢？那是存在的一種法則，事實上，這存在的法則就等於我們思想的法則，因為唯有它可以兩面作為一個媒介，使得主體接受客體，客體接受主體。

如此在客體旁邊存在的東西，與在主體旁邊存在的東西應該是一個，在這點上柏克萊是修正了洛克的說法，因為洛克認為在主體的旁邊是感官，在客體旁邊是第二物性，感官和第二物性根本就不是一回事，因此洛克的學說到後來走向了懷疑，而柏克萊的想法，總是設法使主體和客體合一。

《心物三談》(*Three Dialogues between Hylas and Philonous*, 1713)。

在此部對話式的著作中，柏克萊提出精神和物質兩種存在的辯證，他認為無論站在亞里士多德的四因說，或站在人文世界創造的東西看，精神都比物質優先，所有的物質所能表現出來的，都是物質在精神當中的表象，誠然在所有人文世界中，所有的東西都不是單純的物質，雖然它們不是單純的精神，但是卻是精神居在物質中，精神臨在物質之中，沒有任何一種人文世界的東西，不是由精神和物質的統合；也就是說，這種物質所呈現出來的，都是受到精神控制的物質，不可能有純物質東西的存在。

《阿奇勿郎》(*Alciphron*, 1732)。

在此書中，柏克萊特別提出西方傳統的上帝存在的問題，柏克萊不相信上帝的存在是在物質世界之外，總是認為神性和物性有某種程度的統合，而相信所有物質的最高顯現，也就有了神性的東西，因為神性、精神才是決定物質如此這般的存在，或只有用精神、神性才可以解釋為什麼物質存在。

《西利士》(*Siris*, 1744)。

柏克萊特別提到數理原則和我們思想的問題，而提出思想的原則在透過感官世界的把握之後，就會走上數理的階層，在數理的階層中，人的精神就會慢慢地顯現出來，因為在數理的法則中，人性可以超度感官世界的東西，在這所有超度的最高峰中，就會從人性走向神性。

第三節　著作導讀

要研究柏克萊的學說，最主要的而且最好是先唸他的《視覺新論》，因為在《視覺新論》中，是把整個英倫三島經驗主義的原則，利用直觀的思維法則去探討它，能夠把所謂的客觀世界存在的東西，以主觀的主體去把握。在此書中，幾乎可以說是包容了柏克萊的整個思想體系，那麼在他知識的探討中，再看《人類知識原理論》，看完此書，就可知道柏克萊所注重的唯心論是什麼意義，心和物有什麼分別，要知道心物之別，就得讀他的《心物三談》。

然後再一步步地進入思想的最高峰，也就是要讀他的《阿奇勿郎》和《西利士》兩部著作。

第四節　學　說

柏克萊的學說，相對於洛克而言，幾乎等於理性主義中蘇比諾莎和笛卡兒學說的比較，笛卡兒的二元，到了蘇比諾莎時卻成了單元，而在經驗主義方面，洛克也是心物二元，到了柏克萊的時候，成為心的單元，蘇比諾莎修正笛卡兒與笛卡兒學派的方法，是利用了直觀與存在的追求，而柏克萊則停留在知識論的方面，而討論世界屬於單元的問題。

我們把柏克萊的哲學思想，分為三部分，介紹如下：

一、知識論

洛克的心物二元，把心與物看成兩種獨立存在的東西，以為感覺事物有實體，是存在，是自身的存在，實體後而有第一物性和第二物性，第一物性和第二物性是主觀的，是主觀加給物質實體的一種東西，物質的實體本身才是客觀的；因此在知識開始的時候，總是有主觀的知識，把主觀所得出的第二物性和第一物性，應用到物的實體當中。柏克萊並不如此認為，他不問實體的來源，他認為物體本來就是實體，它本身原本就有第一物性或第二物性表現出來，柏克萊總是設法解釋物性的起源，也就是物體實體的起源。

在洛克的學說中，物質的實體是有獨立存在的，而柏克萊以為物的實體是不存在的，它仍然是附屬在心靈的感受當中；也就是說，連實體也是主觀的，因此經驗論用分析的方法，把洛克截然的二分法，到了柏克萊卻成了單元。洛克的二分法，把主體分為二分，也把客體分為二分，主體的二分是主體的實體與感官，客體的二分是客體的實體和第一物性、第二物性，這種四分法，使得原本知識論主客的分立，成為更多的細分；而柏克萊只用二分法，這二分法是主體唯一，附屬在主體裡面的是客體。

因此柏克萊的哲學，反對徹底唯物論式的經驗主義，因為唯物論承認物體是實體，而柏克萊不承認物體的實體，他以為精神才是主要的東西，認為我們在感官作用所看到的是光和色，再加上觸覺的時候，才能夠知道物體的伸展性，可是如果哲學要再進一步地發展，就得發展到最後的問題，也就是跳躍感官，以精神來代替，以精神的作用代替物質的作用。

強調這種主觀的經驗，也就是強調觀念的存在，而否定了外在世界的精神性，也就是說柏克萊是承認主觀的經驗，可是不肯承認有客觀的存在。這種想法在整個的主體而言，當然它的存在仍然是知覺(Esse est Percipere)，對於客體而言，就成為「存在就是被知覺」(Esse est Percipi)，這種「存在就是被知覺」的原則，指出事物本身並不存在，要存在的話，就得依附觀念。(也就是一個人存在的最高峰，由於他可以沐浴到上帝的恩寵，到上天享福的時候，才可以得到的。)

物質本身不存在，如果要存在的話，就得依附觀念，依附在精神當中，好像第二物性，聲、色、香、味、觸本身不可能存在，如果要存在的話，就得附屬在某個實體上面。因此柏克萊結論說：物體是消極的，沒有實體的性質，本身是依附體，依附在精神觀念中。在西方的哲學中，精神為主，是實體、是自存的，而且自滿自足，物體是副，是依附體，自己本身不單獨存在，而存在精神主體中，而且不以物體的形式，而以觀念的形式依附在主體內，如同影子之依附物體一般。

柏克萊固然解釋了人的理知就等於知覺，人的認識等於把握，柏克萊對於認識過程的解釋是如此的：我們的觀念只是對「感覺與件」的一種印象，而這印象最多也不過是外在事物的名稱，一個抽象出來的共相而已，認識的只是名目，甚至反過來，外界事物之存在只是精神的觀念而已。

在史的發展中，我們知道洛克否定了先天的觀念，而柏克萊在這方面也跟隨了洛克，但無法解釋這觀念來源的問題，所以只好把事物當做觀念來討論。

雖然柏克萊否定了物質為實體存在的學說，可是並不因此他就跟隨了柏拉圖，以為觀念都是先天的，在柏克萊的知識論中，所有的觀念都是後天的，可是這後天的觀念是心靈的一種發明，是心靈的一種知覺，它不是依靠外在世界的感官與料所得來的，是心靈自己有一種創造的能力。在柏克萊知識論的絕對預設中，他認為人天生來有兩種能力，一種是模仿，另一種是創造。模仿是感官與料所給予的一些概念，人再用這些概念加工而得出知識；另一種是不需要透過感官經驗，甚至在開始的時候，透過感官經驗對外在世界的一點點體驗，因而「聞一知十」的方式，把簡單的、複雜的世界觀察，而結論出一種有系統的結論。

柏克萊在方法論上，認為自然科學的歸納方式或分析的方法，忽略了思想的方法，柏克萊特別提出歐幾里德幾何學上點、線、面的問題，以為由點構成線，由線構成面，由面構成體的理論本身不合思想的法則，雖然幾何學上是如此說，可是在思想的運用上、邏輯的法則上是不合理的，因為點是無長、無闊、無高的，在「積」的價值上等於零，這零無論如何增加或重疊，都不會成為有長度的線，同樣的理由，線只是長，重疊無數也無法構成面，面也不可能構成體，點、線、面、體都是獨立存在的，它不能夠從一級跳躍到另一個層次上去。

所以柏克萊以為所有感官世界所給予的資料，非要由主體的主觀性去統合不可，因此他在經驗主義中創造了一種觀念論。他固然否定先天的觀念，但是同時肯定了觀念論，而否定全部知識的後天性。

二、形上學

柏克萊從知識作用得出來的觀念，雖然是屬於經驗主義的，但是在另一方面也有形而上的觀念的價值。在知識論中，以為物性和實體都是主觀的，但是在形上學的原則上，物性無論是第一或第二物性都得依存於實體，而這實體就不可能是物的實體，而是心靈的實體。如此柏克萊的形上學體系，只有一個實體，那就是心靈的實體，這心靈的實體，有兩種不同的屬性的存在，一種是心靈的創造能力，是它的思考，是它的直觀，用不著外在的感官條件就可以得到知識；另一種是提出感官的被動性，就是提出心靈的被動性，是屬於模仿的，需要外在的感官條件才可以得到知識。

因此在「存在」這種探討中，以為主體的存在就是「存在即知覺」(Esse est Percipere)，所有的客觀存在就屬於「存在就是被知覺」(Esse est Percipi)。這種實體的兩重表現，構成了他的知識論，同時構成了他的本體論。

三、神學

柏克萊建立了形上學以後，以為心靈的最主要的作用是創造，是積極作用的，不是像經驗主義開始時所說的那麼消極，認為心靈只是一塊白板而已，在柏克萊的知識論當中，心靈有創造的能力，而在他的形上學探討中，心靈才是最終的實體，因此他哲學的目的是建立唯心論，建立觀念論，但是他所用的方法是經驗主義的，所以他整個哲學重心是反對唯物論，反對懷疑論或無神論，在這些反對或「破」的後面，還有「立」，「立」精神或「立」觀念的存在，因為他的存在就是知覺，「存在即知覺」的一個主體就足以否定存在被知覺的主動性，而肯定了主體的能力，行動以及肯定主體的意義。

因為人的精神無法想到一切，關於這個難題，如果深山中有一朵百合花，沒有人的精神去想到它的時候，它是否還存在呢？在柏克萊的回答中認為，就是無人想到這朵百合花，但是在上帝的心目中它仍然存在，因此在最終的探討中，上帝的心靈成為最終的實體，人類的心靈屬於有被動性，能夠受感官世界所影響的一個實體，上帝的心靈則不是完全受物質性，時空影響的一個實體，祂是純精神的。

如此精神所領導的整個精神世界和物質世界，都是有秩序的，能夠永恆和諧地生活下去。

因為柏克萊把全部的外在世界都收進主觀的觀念中，所以否定了感官世界的真實性，柏克萊只承認感官世界中的物的第一物性或第二物性，真正的實體存在都在心靈當中，這種說法導引了經驗主義的第三代休謨走上了極端。休謨不但是否定物的次性存在，同時否定心靈的存在，所以在經驗主義的系統思想中，洛克有心、物不同的獨立存在的實體，而柏克萊則只有心靈才是實體，物的實體已經被消融在主體的心靈當中。經驗主義發展到休謨的時候，竟然把主體的實體也除去，只提出主客之間有一種印象，而這個印象是游離的，是野鬼遊魂沒有地方依附，因此變成世界上沒有存在的東西。

第三章 休謨

休謨 (David Hume, 1711–1776) 是英國經驗主義的最後一位思想家，也是當代所有屬於經驗主義學說的系統中的一位始祖。

第一節 生平

休謨在一七一一年生於蘇格蘭與英格蘭交界的地方，父母兩方的血統都屬於貴族，他在自己的自傳中，對於自己的出身與祖先引以為傲，由於父親早逝，親友希望他學習法律，可惜沒有成功而轉修商科，然後到法國，在耶穌會的一個學校唸書，同時刻苦修身，歷時四年，可是在這期間，常常在圖書館博覽群籍，於一七四一年首次著書，小有名氣，到了一七四七年，跟隨政府所派的大使到達維也納等地，參與政治，兩年以後謀職於圖書館，因此有機會閱讀各種書籍，收集資料，寫出了有名的英國史。

後來到了五十二歲之時，再度從政，做駐法大使，退休以後，以著作為生。休謨的學說屬於懷疑論，也就因此以懷疑論的經驗作為學說的主流，把英國的經驗論導引到懷疑論的體系。

第二節 著作

休謨的著作很多，我們只提出三部在經驗主義中有代表性的作品。

《人類悟性探微》(*Enquiry Concerning Human Understanding*, 1748)。

在此書中，休謨首先把「印象」和「觀念」分為二元，以為「印象」在先，「觀念」在後，「觀念」是由「印象」所得出來的東西，這「觀念」仍然是一種主觀的作用，「印象」也是一種主觀的作用，而這二種主觀的作用互相不符合，所以產生了所有的錯誤。在知識論上的錯誤，就是因和果之間的關係不協調，在我們日常生活中，總以為因和果是先後的問題，而事實上我們無法知道是否凡是後來的都是果，在前的就是因。

因此休謨認為所謂因果繼起的關係，或先後的關係，都是我們心靈作用的觀念，而這觀念是由「印象」所產生，「印象」來自不正確的感官作用，所以他從一開始討論人類悟性的時候，就認為我們對任何的知識，都不應該認為是絕對的，應該以相對的眼光去看，因此導引出懷疑論。

《倫理規範探微》(*Enquiry Concerning the Principles of Morals*, 1751)。

此書為休謨繼英國經驗主義之後，導引出後世，凡是經驗、唯物、實證所走的一條道路，就是從知識論不經過形而上的探討，直接走入倫理道德的層次；以為所有倫理道德的知識，是從我們前面的知識所推動，因此在休謨看來，他既然在第一部《人類悟性探微》中，否定人類知識的可靠性，因此也在此書中，把所有倫理道德的問題相對化，致使沒有絕對的善與惡，善與惡和倫理的規範，沒有絕對的價值。

《自然宗教對話錄》(*Dialogues Concerning Natural Religion*, 1779)。

因為倫理道德的相對性，所以整個宗教的問題，也就成了存疑的問題。休謨認為所有的宗教都應該變成自然宗教，應該由人的「印象」的好壞或由人的「觀念」去衡量，而不是由外在的啟示所得來的東西。

第三節　著作導讀

休謨的學說和其它的經驗主義的學說走了同一的路線，就是奠基在知識論中，因此他的《人類悟性探微》成為一部最主要的著作。如果我們懂得此書，大概就可以把握住休謨學說的重點，然後由這種知識的發展，而到達倫理、道德、藝術的層次，那就是讀《倫理規範探微》、《自然宗教對話錄》。

第四節　學說

休謨的學說繼承英國經驗主義的主要潮流，可是加上了他自己內心對於知識的一種感受，因此我們在討論他的學說之時，分成四種不同的角度討論，先談他的知識論，然後提到知識和本體之間的關係，是為因果關係，再而為倫理學，最後談他對宗教的看法。

一、知識論

休謨是以心理主義的懷疑論出發，在根本上不承認有所謂實體的存在，尤其是直接否定柏克萊把心的實體，當做「存在即感受」的能力，他否定實體存在的方式，一方面把多元的學說存而不論，一方面否定單一實體的說法，使得所謂的知識只是一種游離的東西。

他否定實體的存在，等於否定形上學，沒有形上學的知識論，使得所有的知識的能力與內容，都成為感官論者。

也就是在休謨整個的感覺世界內，他以為所有的東西最清楚的莫過於「印象」(Impressions)，「印象」之外的，是笛卡兒的主體也好，洛克以為的感官世界也好，都是不清晰明瞭的，「印象」才是最清楚的。因為休謨以為「印象」的來源有兩種：一者是由外界的感覺聲、色、香、味、觸來的，一者是內部的反省，如喜、怒、哀、樂等等的感情，這兩者都是我們十分清楚的，使我們有很深的印象，常常在「記憶」當中，無法磨滅的。

「印象」由我們的「記憶」保留下來以後，成為「觀念」或「思想」。「觀念」或「思想」因為經過「記憶」的加工，它的情形就可以一天天地壯大或一日日地磨損，這也就是解釋為什麼我們某些部分記得很深，某些部分記得很淺，甚至很快地淡忘。

這裡所謂的「記憶」，就是印象的複印 (Copies)，我們把印象保留在我們的內心裡，然後要用的時候，把它複印出來，因此提到「印象」和知識的問題，中途經過「記憶」，有了三種知識的法則，這三種法則如下：

1.「類似」(Resemblance)。

「類似」適用於數學。因為我們通過直觀或論證，可以看到幾何和數學上的所有原理，這些原理是純思想的，無法運用到外在的事物，而且也用不到還原到印象裡面，所以屬於類似的東西，是可信度最高，同時是最真實的觀念。

2.「延續」(Continuity)。

這裡所謂的「延續」，是時空的延續，適用於自然科學。這種延續的印象，需要事實的支持，只要有事實的支持，至於思想上矛盾與否和邏輯上的法則並不重要。

休謨提出一個比喻「明天出太陽」，它是可能成為事實，也可能成為假的，那麼它的可信度，在真實的範疇中比較次要，不像前面所適用於數學的那樣清晰明瞭。

3.因果關係 (Causality)。

適用於形上學。形上學的架構是從經驗出發，以習慣做尺度，完成於信念之中，所謂的形上學的因果關係，休謨認為只有蓋然性，可信度最低。

如此我們可以看出休謨整體的知識論，首先要切斷通往形上學的一條路，加重感官作用的一條通路的份量，可是最後有意無意間，竟然又把感官作用的這條通路又重新切斷，成為懷疑論。他要反對形上學，當然首先得切斷因果關係，所以我們進入休謨討論的因果關係。

二、因果關係

這是休謨對後世影響最大的一種學說，也就成為我們今日甚至二十世紀的許多英美學派反對形上學的最主要根據，休謨的因果關係絕不同於亞里士多德或聖多瑪斯的因果原則，亞里士多德和多瑪斯都是設法由果推到因，而果到因的推論，可以有時空的關係，可是畢竟是超乎時空的，他們由果推到因的一個原理原則，就是在果的整體本質裡面，不可能找到存在的必然性，只能夠找到存在的蓋然性，那麼既然存在了就成為必然的存在，一種東西如何從蓋然走上必然，必須有外在的原因，這是傳統因果律的解釋。

可是在休謨的解釋中，他以為因果是一對相對的名詞，他認為看到一種因，想到一種果，才是真正的在知識論上的東西，那麼這種所謂的因果關係，休謨把它分為兩種，即在時間的先後上分為兩種：

他認為我們以為的因果，通常是「在此之後」(Post hoc) 的意義，而在運用上，我們卻把它當做「因此之故」(Propter hoc) 來運用，休謨指出比如我們說黑夜過去了就是白天，雖然白天在後面出現，黑夜在前面出現，但是我們總不可以說黑夜是白天的因，而白天是黑夜的果。在其它的事件上，休謨認為完全是我們主觀的期待，因為我們每一次看到一種東西，而又常常來了另一種東西的時候，我們就會習慣性地以為前面的東西是後面東西的原因，這種「在此之後」的想法過渡到「因此之故」的結論，休謨認為這是傳統因果律所犯的最大錯誤，休謨現在要改進因果的關係，指出我們所以為的因果，事實上我們根本無法分辨「在此之後」或「因此之故」。

關於因果的關係，後來羅素提出一種解釋，補足休謨所不清楚的部分，羅素指出如果一群雞被飼養了，每一次當牠們看見穿白衣服的進來，都會餵牠們飼料和水，這樣一天天地過去，習慣成了自然，這一群雞每一次看到穿白衣服的進來之後，就會想到有飼料吃，有水喝，可是羅素認為畢竟會有一天，同樣地穿白衣服的進來，但是不給雞飼料吃或水喝，卻把牠們抓去宰了。

所以這是指出看到因而期待果的一種心靈會有例外，這就是說因果沒有必然性，僅是一種蓋然性。如果因果只有蓋然性的話，如何建構形上學的必然性呢？這也就是休謨之所以把傳統的因果法則，從果推至因的方式掉轉過來，希望從因推到果，結果發現因果關係並不一定是「因此之故」，而可能是「在此之後」的一種現象，所以他否定了因果律的絕對性。

三、倫理學

因為因果關係的不可靠，所以我們無法預知我們將來的事情，也就因此我們討論到倫理學的時候，也就不可能有一個絕對的倫理規範，而因此也就走進快樂主義或功利主義的思想當中。以為凡是覺得舒服的、快樂的、幸福的都是善的，凡是覺得痛苦的、憂傷的都是惡的，因此休謨以為我們要講善惡的話，就要看我們的心靈是否覺得快樂、舒服，是的話就是善，否則是惡。

這種善惡的標準，以快樂幸福作為尺度，休謨把德行分為四種不同的類型：

1. 為己舒適：如高興、勇氣，都在自己獨處時應當修成的。
2. 為人舒適：如禮讓、客氣，是在與他人交往時應當有的禮貌。
3. 為己有利：如勤勞、節省，對完成自己人格有幫助的。
4. 為人有利：如正義、尊重別人，是在社會中應當具備的。「正義」概念後來也就成為休謨政治學的中心，正義是群體生活所必需的，正義是所有仁愛或競爭的最後基礎，正義不只是人天生來的觀念，也是後來法律訂定的倫理道德的公準。休謨在倫理道德的問題中，承認「正義」是天生的觀念，是人與生俱來的，是人的天性；雖然在知識論或形上學上，休謨不承認有本體實體的存在，但是在倫理學上不得不承認有這種存在的基礎——「正義」。

四、宗教

休謨承認有宗教的情操，但是不承認有制度宗教，更不承認神學的基礎，他以為神學或宗教的情操，其實都是人的心靈所需求、追求的，絕對不是有一個客觀的上帝存在，或者是宗教信仰本身有什麼價值，人類信仰宗教是滿足自己的情緒，只是為了滿足自己心靈的慾望，因此宗教是主觀的，沒有客觀的價值。可是休謨在此還是採取了功利主義與實用主義的想法，他認為宗教的問題不是真或假的問題，而是有沒有用，對人類有沒有影響，對社會有沒有好處的問題；如果對人類，社會有好處的話，我們可以利用宗教信仰。

第四章　其它經驗主義者

經驗主義除了洛克、柏克萊、休謨三位大師之外，還有不少在自然科學方面有貢獻的人，也對哲學有很大的興趣，至少在他們的自然科學的發展上，也影響了哲學的動向，在此舉出四位比較主要的學者：

第一節　貝例

貝例（Robert Boyle, 1627–1691）特別研究物質的元素問題，以為先蘇格拉底時期的原子論才是真正地能夠適應自然科學的哲學理論，因此他認為宇宙所有的事物都由原子構成，甚至人也是化學元素所構成的，所以當人死後，也就還原為元素，而沒有所謂的靈魂不滅的理論。

貝例列舉很多的理由，可是都是從分析、經驗、歸納所得出來的，他以為感官經驗是唯一可以接觸的學說，而感官經驗所接觸到的，其實只是物質，並且只是物質的部分而已，因此他反對一切形上學的假設，尤其反對亞里士多德的「形式」。貝例只承認感官世界所接觸到的，以為唯有感官經驗所接觸到的才是真實，除了感官經驗之外的一切精神的思想都是空談。

第二節　牛頓

牛頓 (Isaac Newton, 1643–1727) 是自然科學中的數學大師，可是他能夠在數學的基礎上，發展哲學的思想，他二十七歲的時候，已經是數學教授，並且在一六八二年發現萬有引力定律，尤其後來在數學上發現微分法，可以說與萊不尼茲的微積分不謀而合。

在科學上他也研究光線，是光學之祖，牛頓在開始哲學思想的時候，剛好是歐洲大陸笛卡兒學說盛行的時期，牛頓不主張笛卡兒的先天觀念的學說，以為感覺經驗所觀察到的個別的、具體的現象，才是真正思想的材料，我們的思想除非來自感官經驗，否則就沒有基礎。他以為除了經驗所得到的知識之外，其它的一切都是假設的。

雖然如此，牛頓卻不完全是經驗主義者，因為他沒有絕對反對形上學，他也沒有反對感官以外的事物，只是把感官經驗以外的東西存而不論，不把它們作為知識的出發點。

第三節　夏特利

夏特利 (David Hartley, 1705–1757) 是英國著名的心理學家，開始的時候希望自己獻身給教會，可是後來學醫，二十五歲開始研究心理學，發明聯想心理學 (Associations-Psychology) 的學說，以為人類的知識，一切的感受與知覺都是由人的生理構成，因此夏特利比休謨更進一步，休謨仍然以人的心理解釋一切的知識現象，夏特利卻用生理結構解釋所有的知識，因此他以為一切的知識都來自機械，而一切的生理構造，機械式的運動與變化，就成為我們的思想。

當然夏特利在這方面，並沒有走入純粹的唯物論之中，至少在他的聯想心理學後面，還隱藏著倫理道德的規範與宗教信仰。夏特利的宗教信仰，致使他一方面要相信絕對的東西，精神的存在，另一方面使他認為還是有物質的、肉體的存在，東西又必須是屬於機械的。也就因此夏特利的聯想心理學的方式，最後還是無法找出和諧的或心物合一的學說。

第四節 柏利斯里

柏利斯里 (Joseph Priestly, 1733–1804) 是英國的神學家，也是自然科學家。他最主要的科學上的貢獻，是發現了氧氣。雖然是神學家，卻反對教義中三位一體的學說，而傾向唯一神論，至上神論。

柏利斯里以物質為基礎，說明所有的心理作用，連他的倫理學上的著作都採取功利主義。在本體論中他主張唯物論，以為知識的基礎是物質的運動，連意志的決定都是腦神經的運動，因此他整個的心理學也就等於物理學的一部分。可是柏利斯里與夏特利相同，由於信仰的關係，又不得不承認有絕對精神的存在，以及靈魂不死，致使他的學說最後無法自圓其說，和夏特利一樣地陷入自相矛盾之中而無法自拔。

第四部分　啟蒙運動哲學

西方緊接著文藝復興運動而來的是啟蒙運動，如果我們說文藝復興，一方面是復古，一方面是創新，則啟蒙運動幾乎完全是在創新的原則下進行，這種啟蒙運動的時間是在十七、十八世紀時期，而運動的地點發源自英國，然後波及法國，再後德國，以至於發展到整個的歐洲。

啟蒙運動的思想起點是人性以及人的知識能力，向來都受到傳統的束縛，可是人性的底層，人的心靈的根本仍然存有光明，啟蒙運動的意思，是要把人性本身的智慧再次導引出來，使得人能夠按照自己的理知去認識和生活。

啟蒙的意思，也就是使人類用自己內心原來就有的力量，去度過一個此世的生活，此期的思想家都有如此的信念，以為人性的愚昧並非天生而有的，是後世的人沒有好好地利用思想，因此啟蒙運動的思想家，都在設法指出這些愚昧，設法指出人類透過學習和教育，可以消除愚笨而走上智慧。

啟蒙運動的整個內容，是站在人性與人道的立場，談人性的尊嚴及人性的價值問題。在啟蒙運動的整個文化動向中，宇宙論的問題通常是存而不論，啟蒙運動的特徵總是針對具體的人。在當時整個歐洲的啟蒙運動中，有兩個特徵：一個是「信念」，一個是「實行」，在「信念」方面，以為能夠用新的方法找到人生問題的終極，在找到終極以後，希望能夠找到一點解決的方法。在這種「信念」中，啟蒙運動的所有思想家，設法不去否定人性的任何一種能力，盡量設法不去否定過去的一些哲學思想，所以他們針對傳統理性主義與經驗主義的問題，盡量利用兩家之長。

他們以為理性能夠解決問題，經驗則是一切知識的來源，以為理性不但能夠解決問題，而且能夠徹底地解決問題，因此啟蒙運動的時候，把宗教信仰也放在理性之下，他們對教會、宗教與信仰有了一種新的認識和評價。他們不但以為經驗是一切知識的來源，而且也特別發展了自然科學，並且在宗教上反對啟示的部分。

在「實行」方面，他們要以新的、大眾化的語言討論大家共同的問題，而且為大家的切身問題設法找尋答案。原來西方在文藝復興開始之期，已經有各地方的方言、土話，而且也已經用母語著作，只是哲學並沒有在文藝復興時期把這種新的觀念導入文藝界。

在啟蒙運動的哲學探討中，我們可以看到一些思想家，漸漸地由抽象的象牙塔中走出來，走進具體的廣大群眾中，可以稱為「大眾哲學」。雖然整個啟蒙運動的特徵有如上述，每一個國家也有他們特殊的貢獻和特殊的意義。

我們順序談談各國的特徵：

英國——

英國由於經驗論的發展，對於心與物的對立問題頗感興趣，而且就從心物的關係中，他們特別從經驗著手；此外他們在啟蒙運動時期，對於宗教改革也有興趣，尤其是利用新教的一些神學體系，對付舊教的一些教條式的東西。

法國——

法國注重全面的發展，無論政治、教會、社會、教育各方面都有論述，而且每一位大的思想家，都跟隨風尚，寫他自己的「百科全書」，此期在法國算是豐收期，因為他們在很短的時間內，已經編出了很多的「百科全書」。

德國——

德國特別注重個人的自覺；啟蒙運動由英國發源之後，到了法國就發生很多的問題，在德國的情形可以分為兩方面討論，一面是主張啟蒙運動的一些代表，而另一方面也有復古，反對啟蒙運動的思想家，我們在後文中詳細介紹。

總而言之，所有啟蒙運動的特徵固然是想用一種新的方法，可是在心態上，對於老的或傳統的經驗或體系，不太注意，甚至有的人對於傳統的加以輕蔑，英國、法國如此，直到發展至德國，才有別的一種潮流出來維護傳統、倫理道德，以下分為三章討論啟蒙運動的哲學。

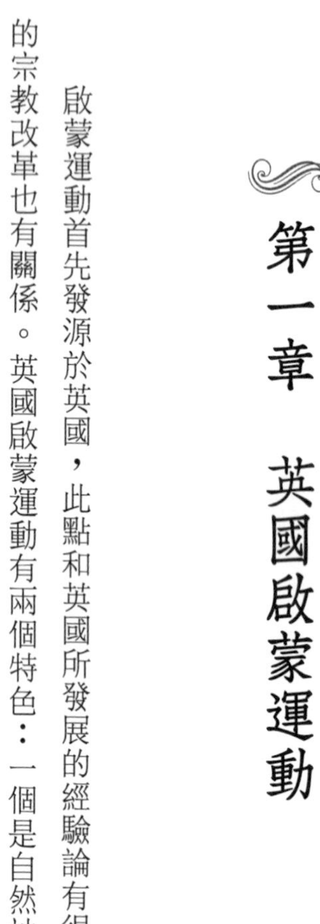

第一章 英國啟蒙運動

啟蒙運動首先發源於英國，此點和英國所發展的經驗論有很大的關係，同時和英國的宗教改革也有關係。英國啟蒙運動有兩個特色：一個是自然神論（Deism，或譯為理神論），一個是自由主義（Liberalism）。分別介紹於下：

第一節 自然神論

此種思想的代表很多，而且也著述了不少關於基督宗教或宗教情操的問題，甚至有人用理知的方式寫出基督宗教的種種。

理神論所特別強調的，就是認為上帝也是自然的，他們反對有一個超越的、高高在上的上帝，他們以為上帝如果存在的話，祂就應該在大自然之中，祂可以為人們所理解，而且內存在自然、物質之中，很顯然的，自然神論或理神論所主張的是和宗教裡的神秘主義對立；因為在神秘主義的學說裡，神是不可知的，祂是隱秘的上帝，是不可言傳的，對於物質世界而言，上帝是超越的。可是如果我們繼續談下去，因為神是可以理喻的，因而可以用機械的方式去認識、了解。

在英國啟蒙運動的學說中，以為上帝也可以透過經驗而被認識，所以總是覺得神不是很特殊的，不是高高在上的，更不是一天到晚行奇蹟的人，而是在我們的理性之下、良知之內找到祂的遺跡的人；因此在理神論的學說中，以為宗教可以在我們的理性之下成立，凡是不合理的東西都屬於迷信，信仰應該完全合乎理性，此種方式發自英國的學說，當然和經驗主義有很大的關係。因為經驗主義所提出的是屬於機械的，應該用理知的分析和歸納去得到一種真的知識，從知識論跳到形而上或宗教哲學的時候，認為宗教應該等於自然宗教，以為所謂的「啟示」，只是自然的再一度顯現自己，而這再一次顯現自己的方式，很可能等於我們還沒有反省以前就存在著一樣。

因為宗教是自然的，所以在實行上特別著重理性，有的時候也會著重感情，完全在於人的變化和環境的變化而定，他們總以為沒有客觀的標準，也沒有客觀的真理。

第二節 自由主義

西洋文化的發展，在一開始的時候，就在希臘的奴隸之中，人類已經漸漸地覺醒到自由的重要，及至殖民主義發展以後，在殖民地的先知先覺之士，為了爭取國家民族的自由，寧願拋棄個人的生命和財產，到了啟蒙運動時代，英國首先發展這自由主義的思想。

自由主義的思想原理，並非由於個人內在的自由所引起，而是每一個個人在追求自己外在的自由，追求自己的生命、財產以及幸福的權利等等。這種自由主義的誕生，充分表現了西洋民族性中積極向外追求自身權利的一種形態。自由主義往好處去想，是站在人性及人道主義的立場，使得每一個人能夠度一種合乎人性的生活，但是在另一方面去看，自由主義給社會帶來的，也可能是放任主義。

自由主義在英國的發展，哲學方面以洛克 (John Locke) 首先提倡，這種提倡的方式，是透過教育，使人明瞭個人的價值和尊嚴，以為國家民族的建立，是由個人所構成的，個人與個人之間有共同的合約而成為一個社會，因此社會的存在是為了個人，個人的價值或尊嚴如果得到保障的話，社會和國家才有存在的理由。

因此這種自由主義，大多數是應用到社會與政治的改革上，雖然它的基層是屬於哲學，但是所奉行的這種自由，是人對外權利的爭取。真正的自由主義產生之後，可以說一方面注重自由，一方面又注重自己的責任，責任和權利並重的時候，就是正確的自由主義。當一個人只顧自己的自由，只談自己的權利，而忘記了自己的義務，就成了放任主義。

很顯然的，此種自由主義的發展有利也有弊，從英國發展到法國之後，尤其在法國的大革命中，不知多少人由於自由的口號被送上斷頭臺，所以羅蘭夫人在上斷頭臺以前，曾經很感嘆地說了下列的話：「自由、自由，多少人假你的名做了壞事」。

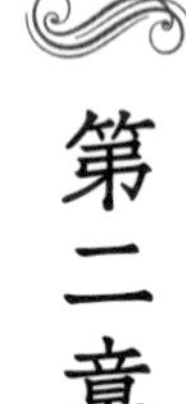

第二章 法國啟蒙運動

英國的啟蒙運動，最主要的不是宗教問題，而是個人的權利問題，因此在英國開始創導個人的權利，用這種對個人權利的追求方式，促使其它的民族，特別是英國的殖民地開始獨立運動。英國本島的影響並不大，可是法國卻升起了運動的高潮。

在法國的啟蒙運動，主要的是反對宗教和傳統的倫理，希望能夠以物質的生活、今生的生活代替宗教對未來的嚮往。因此法國的啟蒙運動，主要的是倡導理性，高倡自由，它雖然以很多百科全書式的洋洋大觀的著作聞名，而事實上，思想的底子完全是以人性，人可以懂得的和當時人嚮往的生活方式去搞革命運動。

在法國啟蒙運動中，出現了很多的思想家，我們在此舉出四位作為代表：

第一節　狄德羅

狄德羅 (Denis Diderot, 1713–1784) 受了休謨的影響，主張唯物論和無神論，是法國唯物論的領袖。以為人類的思想是腦神經在動，以為思想也是物質運動的結果。可是在另一方面，雖然狄德羅覺得世界上一切都是物質，但在物質之上，也承認一個超越的上帝，只不過是上帝和世界沒有關係，上帝對世界也沒有興趣，因此也不掌管這個宇宙。

在方法論上，狄德羅以實驗的方法研究哲學和科學，一切都會變動，而在變動中，我們無法得到一個絕對且確定不變的法則來把握住每一種東西。

第二節　伏而泰

伏而泰 (François-marie Voltaire, 1694–1778) 是法國的大文學家及哲學家，他終生為理性、人權而努力，他的著作中沒有很深的哲學思想，著作中的條理也沒有很深的哲學方法，伏而泰非常懂得群眾心理，用文學的情感表現他的思想，以文學代替哲學，以文章的修飾補理知和內容的不足。

伏而泰本身不是一個無神論者，他認為神的存在與宗教的存在，只不過是有利用的價值，宗教是感情的東西，哲學才是理性的東西，宗教唯一能夠存在的理由，就是他能夠滿足人的情感。

第三節　孟德斯鳩

孟德斯鳩 (Joseph-François Montesquieu, 1689–1775) 是法國啟蒙運動時候的大思想家，尤其他的政治思想特別注重法治的精神，以為國家存在的目的，是為了好讓民眾過一種舒適而幸福的生活，因此百姓的自由，尤其是思想、集會結社、著作的自由，國家應該加以保障。就在這種保障民權的政治理想中，孟德斯鳩主張君主政體，主張君主集權制，他以為君主才真正有權保障人民的權益。

第四節　盧梭

盧梭 (Jean-Jacques Rousseau, 1712–1778) 是法國啟蒙運動中最偉大，影響最深的思想家，他不但反對傳統的宗教與倫理的思想，而且反對所有《百科全書》的作者，他的主張現在已經成為世界各地的口號，即進步、自由、平等與幸福。

盧梭是法國真正革命的前導，因為他的口號是「回歸自然」，他以為人類應該過一個自然的生活，所謂的集會結社也只不過是人與人之間訂立的合同，而人遵守自己和他人訂立的合約就是自由，同時可以完滿人性，主張人與人之間應該是平等的，「人人皆兄弟」，所以人與人之間應該互愛。

當然這種思想，盧梭無法以很實際的方法去實行，可是他還是設計了教育，以為教育是發展每一個人的本性，所以不可以宗教和倫理道德的教條去束縛，應該每一個人照著自己的性向去發展自己的本能。

由於盧梭愛世界、愛人類的這種熱情，所以雖然在理性上是反對宗教的，但是在感情上卻有宗教的狂熱與情操。

第三章 德國啟蒙運動

法國的啟蒙運動，是把改革的箭頭指向社會，啟蒙運動到了德國，又回到以個人為中心，以改造個人的思想為中心，自我的改造比社會的改造，甚至比宇宙的改造更為主要，所以啟蒙運動一到德國以後，就是注重個人的自覺。

在這方面，舉出三位代表：

第一節 華而富

華而富 (Christian Wolff, 1679–1754) 的口號類似盧梭的口號，是「德行、幸福、進步」。他以為人性不但有物質的層次，而且有精神的層次，因此所有的宗教，形而上及理性都可以互相補足；華而富反對唯物論和無神論，以為人應該有超越的能力，而且應該善用這超越的能力走上形而上，甚至可以走到柏拉圖的理想國之中。

華而富在德國的影響相當大，後來的康德所提到的整個形上學的體系，是華而富哲學的影響。可以說華而富是近代哲學與上古、中古哲學聯繫的橋樑。

第二節　孟德遜

孟德遜 (Moses Mendelssohn, 1729–1786) 是德國一位屬於很具體的哲學家，就是他提出以實行來補足理論的不足，所以使得康德哲學得以從純理性批判走向實踐理性批判的康莊大道。

孟德遜以為人的理性不但是要解決人的形式問題，而且要解決人生的內容問題，其實我們的每一種理想如果不能夠實現到現實生活來的話，就是空想。因此他認為我們的理想應該付諸實行，按步就班地從理想走向現實。

第三節 列 辛

列辛 (Gotthold Ephrain Lessing, 1729–1781) 是德國啟蒙運動中的大文學家，他雖然比較緩和，但是也認為要以理性解決宗教的教義問題，以為理性可以辨別出真假的宗教以及宗教中的真假教義。

列辛在批判《聖經》的工作上，做了許多不客氣的結論，他以為信仰的對象和思想的對象應該是一樣的，所有的信條都應該以哲學去衡量，宗教雖然是善，但是哲學上追求的真、善、美，根本上還是屬於神聖的，因此主張回到人的本性，向上追求的一種能力，安息在真善美中，獲得精神不死的境界。

第四章　反啟蒙運動諸子

在德國固然有一大部分人主張啟蒙運動，主張以理性解決宗教和倫理道德的問題，但是也有一部分反對這種學說的，以為人的理性和人存在的本身就有一種極限，人的理性有極限的時候，就應該走向宗教信仰，我們在此舉出三位大思想家：

第一節　哈　曼

哈曼(Johann Georg Hamann, 1730–1788)的思想中心，是回到中世的《聖經》，希望用自然和歷史的兩條路線，回到宗教的教義中。在他的自然路線中，指出人的良心，以為人天生來就有一種良知，而這良知不受任何環境的束縛，它有一個最原始的原則，就是行善避惡，以為行善避惡的天生思想，是宗教最原始的東西，這原始的東西不是我們的理性所發明的，更不是我們的理性所可以控制的。以為用哲學的方式去討論信仰的話，總是低了一層。

哈曼的歷史路線中，指出人的語言和悟性，指出對這些語言的敘述，十足表示人性在整個生活中有很多的層次，不是屬於理知的層次，而是超乎理知，達到一個超自然，超歷史的境界。哈曼的思想，以為歷史所表現的，最主要的不是歷史本身，而是一些超乎歷史的心靈狀態。

第二節　赫而德

赫而德 (Johann Gottfried Herder, 1744–1803) 是第一位討論「存在」和「語言」之間的問題的思想家，以為「存在」是一切真理的中心，而「語言」是尋找這中心的工具，所以他在人類記載的歷史當中，找出人性如何追求真理的事實，他以為唯有人運用思想，把思想表現出來成為語言，寫出來成為文字，世界上除了人之外，沒有其它任何一種禽獸，生物能夠運用語言去代表真理的表出，所以赫而德在這一方面，提出人高於禽獸，因為人高於禽獸，所以所有的物質、生命、意識層次的東西，都應該站在人性、精神的立場去看，而不是反過來以物理的、生理的、心理的方式來解釋人類。

第三節　耶可俾

耶可俾 (Friedrich Heinrich Jacobi, 1744–1819) 屬於具體的類型，他不但看清人善良的一面，同時揭發人性惡的一面，因此在他的著作中，善與惡，美與醜，成功與失敗，幸福與痛苦都在探討之列。

耶可俾指出形上學固然主要，可是主要的還是我們能夠從形上學的原理原則中，找出可以供給我們具體生活的模範。以為人類的信仰是站在知識之上，但是知識卻需要透過信仰而使它完美，因為信仰是站在形而上的立場，而整個的知識可以從形而下開始，從形而下開始的知識，唯有從形而上下來的信仰才可以補足，人性是這上下二元才可以滿足的心靈。

第五部分　康德與德國觀念論

西方從啟蒙運動之後，整個的哲學思想就落入德語區的地域，從康德統一理性主義與經驗主義的思想，統一文藝復興與啟蒙運動的思想之後，發展了一個從西洋希臘以來沒有出現過的大的思想體系，也就是康德所走的路線，不再是希臘的純「知」，或中世的「信」，而是設法在「實行」這一方面著手，很有東方儒家系統的方式。

從康德提出「實踐」的哲學以後，在法語區或英語區就無法提出一個一流的思想家，甚至二流的思想家也無法提出，所以從近代哲學這第五部分開始，哲學的園地完全由德國的思想家所獨霸。這種獨霸的現象，漸漸地發展德文特有的人生觀，此種人生觀主要的是在思想上，要建立一個大的體系，所以無論是康德或康德以後的德國觀念論，每一位思想家都設法先從整個宇宙的體系中，站在知識論的立場去把握住宇宙的架構，然後再設法把人安置在所創立的宇宙架構中，把人生定位在宇宙中，使人得以頂天立地，使人存在在這個世界上找到存在的價值，找到人和世界之間的關係。

雖然在文藝復興和啟蒙運動中，西方白種人大部分都注意自然科學的方面，把自身德行的問題，自身生存於世界上的意義問題拋諸腦後，尤其是以啟蒙運動為甚，可是德國觀念論，特別是康德開始，就把這個趨勢稍微扭轉過來，以為要討論哲學，是要討論全體的人生問題。

所以德國觀念論主要的並非要把哲學孤立起來討論，而是設法把整體的學問，甚至宗教、藝術都在內，都放在哲學的天秤上面衡量，這是近代哲學第五部分的一大特色。我們並不能說在這個偉大的體系之內，確實為人類解決了什麼問題，他們不是解決了問題，而是從新提出人性以前沒有提到的問題，並且也設法提出一些解答的方案，這解答的方案不一定解決了問題，可是至少給後者有一種感覺，就是我們從事思想的工作時，體系的建立是如何重要，不是像百科全書式時代的思想家零零星星地找到某一觀點而大發言論。

康德或德國觀念論的學者，都是先考慮到每一項的問題，考慮到實際與理論，形而上和形而下，同時考慮到人存在的思想和存在的問題之後，設法找出一個能夠統一一切又能夠適應一切的大哲學體系，這也就是康德和德國觀念論的哲學為什麼能夠在德國掀起那麼大的高潮，不只是德國本土，也影響到整個的世界，目前世界上沒有任何一個哲學體系或思想家不唸康德和德國觀念論；也就是說，如果我們要懂得西洋的思想，從古代到當代，中間必然要經過的一個過程，就是康德和德國觀念論。

我們在第五部分內，分為四章討論康德和德國觀念論，第一章討論康德，後三章討論德國觀念論的代表：費希特、謝林和黑格爾。

第一章　康德

康德 (Immanuel Kant, 1724–1804) 是西方近代的道德哲學家，同時是西方關於道德實踐討論得最有體系的思想家，他剛好介於傳統哲學與當代哲學的中間，而在啟蒙運動與文藝復興的反對宗教與倫理的潮流中，成為中流砥柱。因此康德曾經被尼采譏諷為「科尼士堡的偉大中國人」，在當時的西方，對中國人的印象不太好，以為他是屬於東亞病夫的方式，以為他只注重倫理道德的實行，而沒有哲學與科學頭腦的一個民族，尼采諷刺康德為「科尼士堡的偉大中國人」，表示尼采本身反對倫理道德，而康德則是提倡倫理不遺餘力的大思想家。

康德統一並且超越理性主義與經驗主義，統一又超越了文藝復興與啟蒙運動的所有思想家。同時開導德國的觀念論，康德是西洋近代哲學的中心人物。他的實踐道德命令和中國傳統的倫理實踐思想有很多雷同之處，不過在康德而言，是賦予一種形而上的意義，並且賦予一種知識的啟發。從啟蒙運動的一條路線看來，康德確實能夠以當時理性的方式說服當時的所有思想家，依照他的思路，從理性的推敲，理性的批判走上倫理道德的層次，甚至走上藝術、宗教的層次。

第一節 生平

康德於一七二四年生於德國科尼士堡(Königsberg)的一個新教的家庭，他的父親以做馬鞍為業，雙親都是虔誠的新教徒，雖然康德後來不滿意於制度宗教的束縛，漸漸離開教會，但是幼年時代的虔誠畢竟後來使他發展了偉大的體系。

一七四〇年入本城大學，一七五五年通過博士學位考試，同時通過講師資格，此後康德開始執起教鞭，雖為大學講師及家庭教師，但是所得僅足糊口，自從一七七〇年，已四十五歲之時，才被母校聘為專任教授，講授邏輯與形上學，生活才開始好轉。

康德終身未出遠門，一生都守在科尼士堡，其學問的獲得，都在於他勤奮閱讀與精於思考，雖然未出遠門，卻公然在大學中講授「地文地理學」(Physische Geographie)，此門功課在德國是創舉。一七八一年出版《純理性批判》之後，聲名大揚，到一七九三年在歐洲已有二百種刊物討論他的哲學，甚至在一七九〇年之時，他書中的用語已經可以在市場賣菜婦人口中或理髮店內聽到，為當時人廣為應用，當時在德國，康德於生前已成為風雲人物。

雖然當時反對派的力量很大，甚至有的大學禁止講授他的學說，但是他批判的精神和批判的方法，在當時啟蒙運動高潮之時已發揮了很大的潛力，整個的德國幾乎無法不受他的學說的影響。

康德死於一八〇四年，享壽八十歲。康德的一生完全獻身於學術，終身未娶，因此能夠以很清晰、明瞭的頭腦思考所有哲學的問題，縱使後來聲名洋溢也不驕傲。

第二節 著作

康德的著作大體上可以分為兩期，而這兩期的劃分，是以一七七〇年作為分界線，因為這一年中康德開始成名，開始受聘為教授。我們把康德的著作分為兩期的話，第一期算是批判前期，第二期算是批判期。在批判前期中，問題的重心安置在上帝存在這一個論證上，這個論證很顯然的在康德的心目中，是形上學成立的一個基礎，上帝存在的問題就是存在本身的存在問題，就是最終原因的追求的問題，而人性如果依照天生的理知能力，能夠透過看得見的形而下的東西，去推論出看不見的形而上的東西的話，表示形而上學可以成立的一個理由。因此在批判前期中，康德說明如何在傳統的哲學中，以不同的角度從知識論走上形上學的一條通路，從我們的知識的抽象的、歸類的能力，能夠得到一種超感官的、超理知的存在。

在康德的思想上，人的理知有一個特性，就是它能夠懂得理知可以懂得的東西，同時可以知道理知所不能夠懂得的東西。

㈠批判前期中主要的有六部著作：

1. 《自然通史與天文學說》(*Allgemeinen Naturgeschichte und Theorie des Himmels*, 1755)。

2. 《形上知識之第一原理》(*Neue Beleuchtung der ersten Prinzipien der metaphysischen Erkenntnis*, 1755)。

3. 《物理單子論》(*Physische Monadologie*, 1756)。

4.《神存在證明之唯一可能基礎》(*Der einzig mögliche Beweisgrund zu einer Demonstration des Deseins Gottes*, 1763)。

5.《美感與高尚感之觀察》(*Beobachtung über das Gefühl des Schönen und Erhabenen*, 1764)。

6.《一位巫師之夢》(*Träume eines Geistersehers, erläutert durch Träume der Metaphysik*, 1766)。

㈡批判期：

在此期中，志在檢討以往哲學在知識論上的偏失，尤其是傳統哲學中以「知」為中心，而忽略了人性的另一層次；也就是說，我們不是為「知」而追求「知」，而是為「行」而追求「知」。我們在這個宇宙上能夠有一席之地，能夠安置我們在宇宙中，人在世界上得以頂天立地，人才去追求知識，所以康德以為「行」是我們「知」的目的，「行」也是完滿「知」的方法，因此在批判期中，康德提出德行的「行」去實踐知識中的「知」，以「行」完滿「知」算是此期中最主要的作品。

此期最具聲名的著作，也是康德有名的代表作，即三批判：

《純理性批判》(*Kritik der Reinen Vernunft*, 1781)。

《實踐理性批判》(*Kritik der Praktischen Vernunft*, 1788)。

《判斷力批判》(*Kritik der Urteils-Kraft*, 1790)。

除了這三批判大著有系統的著作之外，還有其它六部著作，這六部著作通常是指出形而上學的可能性以及建構這種新的形上學的方法與基礎：

《未來形上學導言》(*Prolegomena zu einer jeden Kunftigen Metaphysik*, 1783)。

《道德形上學之基礎》(*Grundlegung zur Metaphysik der Sitten*, 1785)。

《純理性領域內之宗教》 (*Die Religion innerhalb der Grenzen der bloßen Vernunft*, 1793)。

《論永恆安息》(*Vom ewigen Frieden*, 1795)。

《道德形上學》(*Metaphsik der Sitten*, 1797)。

《實踐觀之人類學》(*Anthropologie in Pragmatischer Hinsicht*, 1798)。

第三節　著作導讀

康德哲學的出發點，主要的是在傳統哲學的主客對立的知識論中，以主體更上一層樓的方式，先去成就主體對感官的信賴，本來主體對感官的信賴，是近代經驗主義的極端，康德首先批判經驗主義，覺得經驗主義太過於相信感官，以為看得見的東西才是真實的，看不見的東西是虛幻的，如果這樣的話，我們對於所有形而上的東西都無法把握，成為感官主義。

康德除了對於經驗主義的批判以外，同時對於理性主義，理性主義的偏狹，在康德的心目中，是主體對於理性的崇拜，認為無論什麼東西都要放在理性的天秤上去秤，康德就在批判理性主義的偏狹中，使得主體本身能夠完全脫離「知」的束縛，而走上「行」的道德層次，主體的提升就意味著道德層次的提升，不管是「知」或「不知」，而是在於「知」多少能夠去「行」，這種「知」和「行」的合一方式，不但應驗了古代蘇格拉底就開始的哲學途徑，也使得東方所有哲學的系統都有了基礎。

康德的哲學中，主體的超升，從「知」走向「行」，並不因此停止，他甚至還要從「行」超升到「感」的主體整體的體驗中，康德哲學的最大貢獻是能把「人」這個主體拿到整體來討論，不忽略他的知，更不忽略他的行，同時注意到他的「感」的方面，所以在「知、情、意」三面兼顧。

因此我們在閱讀康德作品之時，就很不適宜一開始就進入他的批判中，尤其是不適宜先讀那部非常嚴謹、書頁頗多的《純理性批判》，對我們東方人而言，特別是我們東方對於倫理道德已有相當的基礎、相當的認識，並且常常催促自己去實行的人們而言，我們不妨先讀他的《道德形上學之基礎》。因為在此書中，很清楚的是康德從「知」跳到「行」的思想重心，並且也特別提出為什麼要跳躍，為什麼人有超升的理由。

我們讀了他的《道德形上學之基礎》以後，再讀他的《道德形上學》一書，在此書中，我們可以看出康德對於人性倫理的看法。然後再讀《未來形上學導言》及《實踐觀之人類學》，因為這兩部書可以看出康德如何以客觀的態度對人性未來的期待。我們可以這麼說，康德的哲學主要是人性的前瞻，不是人性的過去，究竟人性的過去是否與獸性相同，或者根本上就是獸性，他並不太重視，所重視的是現在我們是否有這種超升的能力，以及在人類的未來，是否能夠透過自己這種超升的能力，而提升自身的整個存在，從存在的層次提升到道德的層次。

有了這些客觀的條件之後，有了這些認識以後，我們就可以慢慢地進入康德的批判哲學領域，用非常的耐力與嚴謹的思辨去讀三批判。順序先讀他的《純理性批判》，因為在此批判中，可以看到哲學整個的發展歷史，康德對於過去的哲學史，以及過去人類對人性超升的努力和看法所做的工作，以及康德對於這些工作的批判，這些工作如何做得不夠而不加以信任，那些地步根本就走錯了路，不但沒有使人超越，反而沉淪下去等等。

如果時間允許的話，我們可以讀他早期的作品，如《自然通史與天文學說》、《物理單子論》等等，明瞭康德對於感性世界所採取的立場，甚至可以繼續讀他的《形上知識之第一原理》以及《神存在證明之唯一可能基礎》等等，藉以明瞭康德對於傳統哲學如何從知識論走上形上學的努力，和努力的結果，以及康德對於這些努力和努力的結果的批判。

從《純理性批判》批判了傳統學說之後，就是康德自己建構道德哲學的時期，這是最主要的一個轉捩點，因為康德在這裡，開始不主張傳統的、思辨的一種從知識論跳至形上學的道途，他主張一個人要超升的話，要以自己的道德實踐。也就是說，不是靠自己的理知，要靠自己的道德實行，不是靠自己的「理」，而是靠自己的「心」，不是以單純的自己理性去思考就可以超升，而是一個人依照自己心靈的努力，使得自己整體的存在超升。

我們已經有了他這種由「知」到「行」的思想基礎，因此也就可以直接讀他的《實踐理性批判》，探討他的道德哲學在整個學說中的地位。跟隨著道德哲學而來的是「知」和「行」之後的「感」，這是人生的一種境界，也是康德所以為的整體人性的最終一點，也就是康德的《判斷力批判》。

《判斷力批判》所討論到「感」的問題，不能不提到人生的歸宿，不能不提到人在現世的各種精神享受和物質享受之後，能到達的一種境界，所以我們可以讀他的《美感與高尚感之觀察》，尤其是後面屬於宗教的，人生來世的寄望，《純理性領域內之宗教》、《論永恆安息》。這些康德都在指出人性的高峰，可以藉助於道德的實踐去抵達，而抵達之後，人性是在永恆的安息之中，得到自己人性和神性結合的最高境界。

康德在這方面雖然寫得不很清楚，因為他沒有時間了，但是我們跟隨他的從「知」到「行」的這條路線和方向，畢竟可以從形而下走向形而上，而形而上的最高峰是倫理道德、藝術宗教的最高峰。依照上面的順序讀康德的著作，不但可以完全把握住康德的整個思想體系，而且也可以以康德為中心，往前往後地去把握西洋哲學的整個過去與未來，過去宗教哲學中所忽略的人性積極部分，可以由實踐理性去補足，未來哲學中缺乏的倫理道德哲學部分，康德哲學亦可作為指南。

比如在中世的宗教思想裡，特別注重信仰和啟示，而把人內心所需求的一種對幸福的慾望，對自己意識的東西多多少少地忽略了，康德用他的實踐理性可以闡明人性的偉大，可以說明他的尊嚴，闡明人天生來就是為倫理道德而生活的。對未來的，則是關於目前的科學主義、自然主義、實證主義等，這些學說把人性的道德層次抹殺了，而只停留在知識，尤其是感官知識的層次，康德的道德哲學也可以加以矯正。所以我們說康德哲學在西洋方面，是一個十分主要的中心點，他往前往後都有他特殊的貢獻。

第四節 學說

康德哲學的背景：

在思想運動上，啟蒙運動在哲學發展方面，有系統的是理性主義與經驗主義，而且這兩種主義都已經走上末路，理性主義從懷疑走上獨斷，經驗主義則從獨斷走上了懷疑，這種走上末路的哲學系統，由啟蒙運動的思想家提出了意見，而啟蒙運動由英國、到法國、德國，甚至從德國又出現了反潮流，反對啟蒙運動的學說而恢復到古典，也就是站在人道的立場重新探討人性的問題，沒有自由主義的那種方式，這種方式首先由孟德遜提出，以為理性不足的時候，可以用實踐的問題，孟德遜所提出的這種說法，表示人性除了理知以外，還有實踐的部分，而人生所面臨的問題，除了理性能解決的一部分之外，還有部分無法以理知去解決的問題，因此孟德遜的這種提案，使得康德有了一種很大的思想轉機，也就是以追求，實踐去補理性的不足。

還有一點就是休謨的體系，休謨的體系是把所有客觀的事物拉到主觀的尺度去衡量，這種否定純客觀的存在價值，也確實驚醒了康德的美夢，在當時除了理性主義陷入獨斷，經驗主義陷入懷疑之外，第三派的就是中立主義，中立主義不太注重真假對錯，是非善惡的哲學問題，而只困守在課本內，討論以前人的一些問題和以前的哲學家所解決的方法，這三方面哲學的墮落使得康德在哲學的園地中另謀出路，康德所提出的哲學問題，在一七九三年五月四日寫給朋友的書信中已經提得很清楚，他認為哲學應該討論四個大問題：

1. 我能夠知道什麼？
2. 我能夠做什麼？
3. 我可以希望什麼？
4. 人是什麼？

這些問題的提出很簡單，可是不只概括了康德哲學的全部，也是指出康德哲學研究的方向。「我能夠知道什麼？」劃定了知識的極限，直接問及人的智能問題，在知識論中，康德希望能夠界定人類究竟能夠知道什麼。「我能夠做什麼？」是超越知識的層次而進入倫理道德的層次，人唯有在倫理道德的意識上，能夠使得自己超升，在康德的看法，知識不一定能夠使得個人的本體能夠超升，而是要在倫理道德的實踐上，才可以界定一個人是否超越。

「我可以希望什麼?」指出人在超越「知」和「行」的極限之後，進入宗教的層面，是一個非經驗的境界，人在這個境界中可以完成自己的人性，而且可以把自己根本不能夠體驗的來世問題，把這個自己根本不能夠知道的，甚至不能夠實行的來世生命的問題，在這裡得到一種完美的答案，可以說在這種宗教情操中，人不但完美了自己的知識和倫理道德，而且也滿足自己全部的情感生活。

從這三個問題的提出，最後就是「人是什麼?」的問題，「人是什麼?」要看前面的知識問題、倫理道德問題和宗教問題，是否為人自我提升的方向，是的話，「人是什麼?」的問題就得到解答。原來在康德的思想上，人是活動的，變化的，他不是一個靜止的東西，我們無法以一種靜止的方式去界定人的定義，人從開始意識到自己的存在之後，就要一步步地超升，一步步地超越自己，人的存在就在這種超越中，倫理道德的實踐中慢慢地完美自己的人性。

康德提出這些問題之後，設法尋找一些能夠滿足人心的答案，因此他首先以思辨的方法寫了他的三批判，並且在批判的前後闡明整個思想體系的方向和內容，首先提出人性可以超升，而這種人性可以超升的命題，不是由於人的體驗，而是由於先天來的一種能力，當然也可以用自己超升的體驗證明人性可以超升，可是主要的是人天生來就有這種能力，這種冀望。人能夠超升以後，也就可以談到能夠知道什麼，能夠做什麼，能夠希望什麼的問題，這也就是康德批判的中心。

談到批判，當然是把批判的重心放在主體、理性之上，這個批判的主體，同時是認識的主體，也是超升的主體，因此對認識主體的詢問，也是認識能力以及認識能力的極限，我們先要知道人能夠認識什麼，也必須要知道認識的界限多廣，有那些部分他根本無法認識，關於這些問題，康德寫了《純理性批判》。可是理性不但有認識的能力，康德以為它還有實行的作用，實行的作用就是補足理性所無法認識的那些極限，所以「知」的不足可以由「行」來補足，是康德哲學最大的轉捩點；康德因此寫下了他的《實踐理性批判》，來探討這個問題，闡明人性之中，除了可理解的部分之外，還有一部分不可理解的，而不可理解的部分之中，還有部分可以由實踐理性去貫徹。

進而言之，「知」的問題或「行」的問題都是由一個不可分的主體所產生，這個主體最主要的是自己存在的提升，是自身存在的完成，康德因此寫下《判斷力批判》。《判斷力批判》是站在人整體的立場，看人如何站在自身的超升立場把握自己或提升自己，並且還有隨著這判斷力而來的，是他對人生歸宿的看法，人的生命延續的問題，死亡的問題和來世的問題等等。

現在我們就依序探討康德學說的三部著作：

一、純理性批判

《純理性批判》的主題是「知」，問及如何認知的問題，康德在這個批判中，從歷史的發展開始，用平面展開的方式，一方面利用了經驗主義對感官探討的成果，以為知識都來自「後天」，也就是說，知識內容的獲得都是後天的；康德在這裡的問題，不是問及我們的知識「知道什麼」，不是問及知識的內容問題，而是問及人的認知能力問題，問及人「能知道什麼」的問題，因而知識論在康德哲學中，至少在開始的時候，不是以「內容」為中心，而是以「形式」為中心，問及主體「能否知道」的問題，也就是「如何知道」的課題。

因為所問的問題是知識的「形式」，也就不是感官經驗所能抵達到的領域，也因此利用主體的另一種能力才能夠達到，也就是直觀的深思冥想，即透過理知的辯證，透過理知先驗的先天形式，才能夠把握住各種存在的法則。如果說我們的知識是針對著外界的存在的話，這個存在最主要的是由於它們的形式，而不是由於它們的內容，那麼因此透過我們天生來就有的認識能力，才能夠把握住它們，關於這點，在希臘亞里士多德的時代已經考慮過這種問題，也就是說把我們認知的能力化成邏輯，把外在世界的存在化為範疇，而範疇事實上是我們腦筋對外在世界的分類，把它們所有存在的形式分門別類，好使得我們的理知去接受它們。

因此《純理性批判》也就成了康德的知識論上對歷史傳統的批判，康德將這對於傳統的批判分為三部分，消極方面是針對過去知識論各種學說的偏差，積極方面是提出補救的方法以及修正的幅度。

第一部分康德提出先驗感性論 (Transzendentale Aesthetik)，討論人天生來就有的感官作用以及感官的能力，也就是討論感性的先天形式的可能性；康德在消極上就否定了經驗主義在後天知識上的設定，因為經驗主義以為我們所有的知識都是透過感官經驗，沒有感官就沒有知識，康德否定這種學說，因為康德以為知識的獲得，主要的不是知識對象的內容，而是知識對象的存在形式，我們去認識某種東西，那是因為我們在內心中有一種事物存在的形式。

在消極上否定經驗主義，尤其是否定經驗主義的分析方法，因為經驗主義的知識論，是把主體和客體分開來，而且使它們對立，最後把主體和客體看成完全平面的東西，而且在這個平面之上，主體和客體有同等的價值，換言之，主體和客體根本就失掉了價值的批判，好像主體和客體在知識論上站在平等的地位。

在這裡，康德提出「時間」和「空間」的形式，以之作為一切感官世界的存在都在時空的座標上存在，我們能夠知道時空座標的理論，就可以把握時間、空間內的事物。我們的主體所有的感官經驗，和客體一樣地都出現在時空之中，因此康德認為只要我們的主體能夠把握時空間的形式，就可以把握住所有的感官世界，尤其是感官世界存在的形式。

當然這裡所謂的時空形式，毋寧說是「永恆」和「無限」，因為在康德的時空概念中，時間中的過去、現在、未來，與空間中的上、下、左、右、前、後，以及被時間的永恆性和空間的無限性所把握，空間的上、下、左、右、前、後的無限延續下去就變成無限，時間把過去、現在、未來無限地往後伸展就成為永恆。因此人性只要站在永恆之中看時間，站在無限之中看空間，就能夠把握住時空中諸事物。

現在的問題是一個人如何能夠站在永恆和無限的立場看時間和空間的問題，這個問題我們留待康德的第三批判中再探討。

可是依照這種範疇的方式所獲取的知識，仍然停留在形式的層面，而未涉及內容，也就是說背了一個數理的公式，而這則數學的公式並未落實到感官世界中，換言之，我們在感官經驗中，雖然把握住時空，但是仍然只停留在「現象」界，而無法觸及「物自體」；因為時空畢竟不是真實的東西，而只是觀念的存在，這種觀念的存在如果不落實到感官世界中的話，仍然是虛幻的。

康德在此指出經驗主義無法把握住時空的形式，要把握時空的話，還需要「永恆」與「無限」，這永恆與無限還需要透過理知的直觀。

於是康德從第一部分先驗感性論進入第二部分的先驗分析論 (Transzendentale Analytik)。

先驗分析論主要的是要站在「永恆」和「無限」的立場看時空，康德在此馬上就給理知找到了極限，以為我們的理知根本無法把握住「永恆」與「無限」，因此康德否定理性主義的學說；在這裡康德提出的理由是，經驗主義無法得到時空的形式，最多只是把握了「現象」，而無法在知識論上抵達「物自體」內部；因而康德進一步提議，回到悟性，希望在理性之中尋求認識的思想形式，但是理性所得到的命運和感官並無多大差別，在理性能力的探討中，傳統的抽象以及歸類能力，最多也不過是把握了人性的綜合能力，而在「分量」、「性質」、「關係」、「狀態」的四分之下，用十二種不同的判斷，去把握十二種範疇，康德以為這判斷和範疇才是真的思想形式。但是，這形式的獲得卻並不靠單純的先驗分析，而是由整體人性的形式綜合作用而得到的，康德稱這種整體人性的形式綜合作用為「先驗統覺」(Transzendentale Apperzeption)。

提到「先驗統覺」以前，我們先提康德整個範疇的劃分情形：

康德的範疇指出外在世界作為我們思想的對象有十二種範疇，這十二種分為四個項目：「分量」、「性質」、「關係」、「狀態」。這四種範疇在「分量」方面分為「全體性」、「眾多性」、「單一性」，「性質」方面分為「實在性」、「否定性」、「限制性」，在「關係」方面有「實體性」、「因果性」、「相互性」，在「狀態」方面分為「可能性」、「存在性」、「必然性」。

可是康德在他的邏輯探討中，以為相對於這十二個範疇的有我們主體的判斷，判斷的種類恰好可以適應於外在的範疇，正如同經驗主義所提倡的耳、目、口、鼻、手足等感官所對應的外在世界有聲、色、香、味、觸等為對應，而耳朵對著聲音，眼睛對著顏色等等。那麼在這個範疇的概念裡，康德認為範疇是存在的層次，而判斷也有思想的層次，這思想的層次，無論在「分量」、「性質」、「關係」、「狀態」方面相對於外在存在的事物做一種判斷，所以判斷的種類，在「分量」方面有「普遍」、「特殊」、「單獨」，在「性質」方面有「肯定」、「否定」、「無限」，在「關係」方面有「斷言」、「假言」、「選言」，在「狀態」方面分為「或然」、「信然」、「必然」。

這種十二範疇分為四大類的方式，康德以為我們可以在「先驗統覺」內找出它們分類的基礎，「先驗統覺」能提升感官經驗，而變成抽象的概念，去形容範疇，範疇才是從形式走向內容的根本通路。我們的判斷在先天上已經符合外在的存在形式，而反過來，外在的存在形式也早已經適應我們判斷的種類，所以無論在認知的存在階層裡，或在我們認知能力的分類上都能夠適宜，這點是康德超過了經驗主義的想法，同時糾正了理性主義的想法。

於是，時空中的範疇就成為思想最根本的元素，而由於範疇與時空都成為主體思維的客體和對象，因而都仍然停留在「我思」之中，是「我思」的內容。這個「我思」當然是笛卡兒學說的重心，也是笛卡兒對哲學的最大貢獻，如果康德能夠從「我思」走向「所思」的話，這也就是康德為理性主義解決困難的主要一條道路。果然康德從「我思」走上了「所思」，因此也把知識帶上本體的境界，康德哲學在開始的時候，就是設法從笛卡兒的「我思」走上「所思」，而在康德的先驗分析論提到的這些問題以後，現在所留下的問題是，這個主觀的「我思」如何走出自身，走上客體，成為知識論走上本體論的一條通路？也就是說，康德如何建構一個先驗的本體世界，同時又能使我們的知識從感官世界通往這個本體界。

康德哲學中，尤其是《純理性批判》中，最有貢獻的一點，也是最困難的一點，是許多研究康德哲學的人感覺到最容易錯誤的一點就在此。因為他要把「觀念」變成「存在」，正如同希臘哲學家柏拉圖一樣，以為凡是理念的，就是真實的。因此一切在「先驗統覺」所綜合的，都同時是理念的，也是真實的。希臘哲學所提出的「思想就是存在」的說法，康德在這裡又加上了一個註解，這個註腳說明康德在理性探討中的一個信念。

我們直至今日還不能夠理解，為什麼我們不同的感官作用，到了我們理知的領域來以後，也就是說當我們已經閉上眼睛，停止所有感官作用，而利用反省的行動去思考知識的時候，會有這麼一種統一的想法，這種統一的想法在康德哲學中是「先驗統覺」，認為這統一的能力在我們天生來就已經有了，而這種天生來的能力，康德稱之為一種「規範」或「要求」(Postulat)。

這「思想的規範」或「道德的規範」或「要求」是我們與生俱來的，不只在知識論上發生作用，而且也在本體論上發生作用，因此在康德的哲學中，這種希望或使得我們心靈的追求能夠成為一種本體的存在，是康德哲學最高明之處，也就指出哲學在思想上，不單只是以感官作用，在消極方面呈現一些感官事物，呈現一些事實，而是要在我們主體的創造思想中發現一些外在世界還沒有的形式，能夠利用這種創造的能力，把這些形式落實到感官世界中。

《純理性批判》的第三部分是「先驗辯證論」(Transzendentale Dialeklik)；在這部分中，是康德再次反省前兩部分的成果，以為由理性通過時空以及範疇的先天形式，所得到的並不是內容，而只是內心的思想形式，至多也不過是一種希望，內心道德的一種要求，並沒有真正地從「我思」走上「所思」的境地，也就是說，不但感官作用，就連理知作用也只不過抵達了「現象」，而沒有把握住「物自體」。

那麼這整個的探討豈不又白費了，所以康德在「先驗辯證論」中，要提出理性的極限，指出在時空中知識的「二律背反」(Antinomien)，也就是說，理性在探討知識形式的極限之時，都會走向自相矛盾的死路。康德提出傳統哲學中，用理性所推論出來的三大概念：靈魂、世界、神；但是康德卻以為，這三大概念的探討，都會使我們陷入「二律背反」之中。

首先康德提出靈魂的概念，以為所謂的靈魂，在經驗主義的解釋說來，它是人類思言行為現象的綜合，康德認為這種看法是對的，以為靈魂是我們精神作用的總名，是綜合各種理性現象的「共名」而已，而共名通常只存在於理念界，只是一種概念、觀念，不能夠落實到感官世界，在現實世界上並沒有所謂靈魂的東西，只是我們精神作用的綜合名詞而已，因而站在內容本體的探討上看來，我們根本無法知道靈魂是什麼，就等於我們在知識論上探討一個總名的概念一樣。

同樣地，關於世界的問題，整個的感官世界都存在於時空的座標之中，那麼首先要問的是，它是有始或是無始的？它是由簡單的部分構成或是由複雜的部分構成？這是必然存在的或偶然存在的呢？這些問題在康德看來，利用我們已知的深度去探討的話，又會走上「二律背反」的自相矛盾之中，因為都可有兩種對立相反的答案，說世界有始，或認定世界無始，都同樣可以提出理由，亦都可以同樣提出反對的理由。因為如果我們認為世界是有開始的，馬上聯想到的一個問題是誰使它開始的呢？如果說它沒有開始，那麼就我們對於物質的一種想法又會自相矛盾，它怎會沒有開始呢？

同樣地問這個時空中的世界是有限或無限的，也會得到一種「二律背反」的答案，如果我們認為這整個的感官世界是有限的，那麼我們馬上問這個世界的邊在那裡？而且這個邊以外的又是什麼？如果我們認為這個感官世界是無限的，那麼我們根本無法理解，以為這個世界是沒有邊的，這個世界過去之後又是另一個世界，一直無限地延續下去的話，這樣對於科學或運動變化的理解也無法想像。所以無論我們想那一邊的極端答案，都無法解決現實的問題，康德總是認為關於世界的問題，同樣會使我們的理知走向自相矛盾之中。

至於神的問題，康德首先認為就是神存在與否的論證，康德在這裡舉出傳統中關於上帝存在證明的論證，目的論證、宇宙論證、本體論證等等；可是後來康德總是把它們的可靠性排除，而指出論證的不合理以及無法理解。康德在這方面所用的方法是：把本體論證歸類到宇宙論證中，再把宇宙論證歸向目的論證延伸，而最後證明目的論證的不合理；因為目的論證的依據在原則上是因果關係，而因果關係在休謨的時候已經提出了它的困難，指出它的死結，用柏拉圖的方式，以為宇宙的良好次序，應有一個至善的神來設計及導引，我們如果說宇宙間善的體系，可以證明出至善的神的話，那麼我們能不能提出人世間的罪惡和不公的存在，是否也提出一個同樣理由的反證以證明上帝的不存在呢？

因此康德到此為止用了三種不同的角度，用了三種不同深度的論證方式，提出《純理性批判》所探討的問題以及用盡了所有的思想方法，其目的只在於否定理性的能力，指出純理性的極限，以為純理性根本不能抵達物自體，也就是說以純理性的知識論方式，根本無法到達本體論，所以結論出：物自體是不可知的。即形上學的可能性在純理性的導引之下，是不可能存在的，同時說明人性不可依憑感官經驗或理性思考而從知識論走上本體論。

可是康德並不因此洩氣，他依照孟德遜的指示，不可知的事物，有時是可追求的，以為純理性抵達不到的，實踐理性就有抵達的可能；知的極限可由行的實踐來補足，原來在康德的心目中，人性除了知性以外還有實行的能力，人性除了理性認知以外，還有更高的倫理道德層次，這也就是促使康德從「純理性批判」走上「實踐理性批判」的最主要通道。

二、實踐理性批判

《實踐理性批判》的課題是「行」，是在探討感官和理性對知識的無能為力之後，所導引出來補救之途，此處所謂的感官和理性對知識的無能為力，並非表示經驗主義和理性主義在知識論上有什麼弊病，而是說理性和感官所抵達的只是「現象」，而不是「物自體」，所以在康德哲學中並不否認理性主義和經驗主義能夠認識世界與人生的現象，而是否定理性主義和經驗主義對於宇宙與人生真象的理解。

康德的全面設計，是以平面展開的方式否定了經驗主義和理性主義的方法之後，現在要用立體架構的方式去處理「知識」可能性的問題，以及知識所能夠抵達本體的問題。

原來，康德早在純理性的批判中，已經追隨了經驗主義的分析法，把客體分為「物自體」與「現象」兩部分，而以為人類的知性只能把握住現象，而無法抵達物自體。這種想法當然就已經隱含了客體方面的立體架構，現在面對著立體的客體，主體的提升就成了必然的嘗試。

主體本身的提升，當然就不只是單純的感官、理性、心靈的層次方面，而是整體的人的「知」走向另一層次的「行」。「知」是理知的層次，「行」是心靈的層次，「行」是心靈的先驗追求，也是人性超越自身的公準。在康德來說，外界的「物自體」既不可知，也不可理解，那麼只好回歸內心，返求諸己，在自己內心中尋找生命的原理原則。康德在此要提出「追求」的事實，以及「追求」的內容。

「追求」的事實表現在知識層次的頂端，是心靈的意向，幾乎運用了柏拉圖「愛」的概念，與亞里士多德的「內在目的性」兩種哲學的高峰，這種「追求」的天性說明了

「現實我」與「理想我」的差距，可是同時卻指出了它們之間發展的可能性；一個人總會為自己的未來設計，意識到自己的責任，意識到自己的自由，意識到自己在倫理道德的責任。

因此「追求」的內容，康德提出三件事實是我們天生來就會追求的：一個是自由，一個是神的存在，另一個是靈魂不死。康德以為唯有在知識論中肯定這三點，然後在道德層次上實現對於這三點的追求，人性才能夠完成自己，也唯有人性完成自己以後，才算真正地把握了「物自體」。

「自由」的肯定是「責任」和「倫理道德」的先決條件；如果一個人沒有自由，根本就談不上其社會性，更無法實踐賞罰制度，一個人如果沒有自由的話，他所做的行為都不是他要負責，不要他負責又如何得到賞報或受罰呢？因為人有了自由，天生來就可以去做某事或不做某事，以及做這事、做那事的自由，才使一個人超越感性層面，而走進倫理道德層次之中，能夠對自己的行為負起責任，也因此，社會對他的行為採取賞罰制度。

「神」的存在是「正義」的保證，因為人世間「福」與「德」不一致，有德行的人不一定幸福，作惡的人並不一定受苦，因此站在「善惡到頭終有報」的良知追求而言，康德以為唯有承認上帝是公義的神，祂應當出來做最終的判決；這樣因為人性心靈的需要，宇宙間總得有一位公正的最後判官，是全能的、能夠認清善惡，而且又是全善的，祂會賞善罰惡，所謂的「天網恢恢、疏而不漏」。

若是人有了自由，對自己的行為要負責，而又有神作為判官，會賞善罰惡；但是人若一死都完了，人死如湮滅的話，什麼都過去了，還是無法解答人生的問題。因此，康德提出第三個公準，即「靈魂不死」，人應當在永恆的存在中，對自己的行為負責。

因而在《實踐理性批判》中，倫理道德的公準，最基層的，就是人性靈魂的不死不滅；從靈魂的永恆性歸結到神的存在，再從神的存在討論人的自由意志。

這三個「公準」是天生的，也就是我們良知的呼聲，是天生的「道德命令」；這道德命令使人從「存在」超度到「應該」的階層，然後在這理想的層次中，再去探討「知」的問題時，發現自己已經是「更上一層樓」的「人」，已經不再斤斤計較外界事物的現象，而所追求的，已是自身的完美，超乎了真假對錯，而進入是非善惡的分辨中。

這種道德哲學的基準，康德特別指出了它的四種特性：形式主義、嚴格主義、先天主義、獨立性。

形式主義(Formalismus)的意思是：良知只給予形式，並不給予內容，所謂的形式，在倫理道德上是「行善避惡」，至於內容，何者為善，何者為惡的問題良知並不涉及。這些善惡分辨的問題，通常由人類歷史或社會的環境來教育我們，使我們以為這些行為是善的，那些是惡的，可是最後的公準就是我們的良知應該遵循這個先天的形式——「行善避惡」的道德命令，如果一個人以為某樣事情是善的，他又做了，這就是行善，如果以為某樣事是惡的，他又做了，這就是作惡，雖然客觀上那件事不一定是善的，也不一定是惡的。

如此我們認為倫理道德的規範固然它有客觀的形式，但是做起來卻又是人主觀的一種抉擇。這種形式主義所提出的理由是：人以理知作為公準，他以為是善的，就應該去做，以為是惡的就應躲避。

嚴格主義 (Rigorismus) 的意義是：道德命令是絕對的，絲毫沒有商討的餘地，沒有條件也沒有例外，它是永恆不變的，因而命令直接導引出責任。每一個人天生來有的「行善避惡」，沒有討論的餘地，可以討論的只是下面的什麼是善、什麼是惡。

先天主義 (Apriorismus)：指出道德命令不是來自經驗，而是與生俱來的，它不是來自我們的教育或社會環境，而是人天生來就有的道德公準「行善避惡」，和人性不可分。

獨立性 (Autonomie)：指出道德命令來自自己本性，它和人性一樣長久，不受外來因素的影響，而且外來的因素也不能夠影響它；因為由道德命令而來的責任也唯有由當事人才能夠解答，才能夠盡好，沒有第三者可以取代，也沒有第三者可以解釋。這獨立性到最後所展示的，就是主體的「絕對我」的發現，以及「為善而行善」的原理原則。

「為善而行善」的「絕對我」所預設的公準，就是前面提及的意志自由、靈魂不死、上帝存在三件事。

實踐理性有了意志自由、靈魂不死、上帝存在而導引出道德命令，合理性與準確性。康德的純理性的缺陷，由實踐理性所補足了，命令代替了事實，要求代替了理想，看不見的代替了看得見的東西。道德哲學的建立，一方面喚醒沉睡中的人性，一方面又建構起哲學的體系，康德的哲學以此為最高峰。他既然把人提升到絕對的領域中，又使人體認到這絕對的形成不是外來的賜與，而是自身的高貴，在哲學中發展人的尊嚴的，沒有人超過康德的貢獻，在哲學中也唯有康德才敢把「絕對」和「超越」獻給人類，敢於把神的問題也放置於人的問題中討論，這一點幾乎像是希伯來民族的發明。

希伯來民族最主要的是以為人的靈魂是上帝的肖像，在康德的哲學中，上帝變成為人類講求正義的最終判官，即祂是人性尊嚴的最終基礎。

三、判斷力批判

在「知」和「行」的主體問題提升到獨立性之後，隨著的問題就是主體如何透過實踐道德命令而完成自身的人性，《判斷力批判》的主體也就在於發現「人」本身就是「現象」和「物自體」的綜合，而這統一性的「人」的綜合，也正好用他的「知」、「行」、「感」來針對外在世界的「自然」、「道德」、「藝術」。「知」針對自然世界，「行」針對於道德命令，「感」針對於外在世界的再造、美化。《純理性批判》處理了「知」對「自然」的認識問題，《實踐理性批判》則處理了「行」對「道德」的把握，而《判斷力批判》則在於設法探討「感」對「藝術」境界的體認。

對「感」的體認，康德提出了超辯證的理論，以為人性天生就能從現實超度到理想境界，以為人性天生來就可以從看得見的東西推論出看不見的，而這種最高的境界不但純理性不可知，就連實踐理性亦不可求，只能用整個的人性去感受。

於是康德提出人性兩種天生的判斷能力，即美感與目的。

㈠美的判斷力 (Aesthetische Urteilskraft)

美的判斷力是針對藝術的純形式而發的，對於美的純形式又可以分為「美」與「卓越」；「美」的體認只能夠用「我中意」三個字，是無條件的，沒有實用的動機滲雜在裡面，是完全主觀的東西；在這裡康德早就把實用或功利主義的想法在形而上的哲學中除去。對於美的純形式用「卓越」的方式去體認的，指出人性在嚮往某件事情的一種狀態，比如看見某人很有風度，而心嚮往之，希望自己也有這種風度。這種「卓越」或「高尚」本身並不是屬於時間以內的概念，而是無限的概念，是超過時間走上永恆，通過空間走上無限，也就是脫離一切的束縛，真正能夠找到自己，而這自己又是一切倫理道德認識的主體，同時又是超越時空的目的因，從自己出發走進永恆與無限中，然後再從永恆和無限回到自己裡面。

「美」是一種境界，使主體我得以在「美」中悠然自得，「卓越」則是一種狀態，是主體存在的一種情況，在這種情況中，主體成為所以為主體的各種條件。

㈡目的的判斷力 (Teleologische Urteilskraft)

所謂的目的是針對人的自由意志而發的；可以分為整體與觀念兩方面去討論，用整體的方式去談論的話，就是指出人性生來就會自己選擇目的，為自己的未來設計，不管他做何事，都是向著一個目的；他不但希望看見自己的存在目的性，而且還可以透過整體宇宙，把整體宇宙當做一個有機體來討論，然後從它所有的現象後面，找出一個統一的目標。提到觀念的方式，就是指出這個目的性的選擇不在於內容，而在於形式，這形式就是觀念，直指事物的本質，因而也就是「物自體」的體認。

整體的觀念是一種有機體，有機體是一種生命體，生命體有一個特殊的性質，就是它的部分和全體之間的存在關係有很特殊的變化。在物體之中，全體等於各部分的總和，而有機體卻是全體大於各部分的總和。並且還有特殊的一點，在有機體中全體先於部分，不像物體的部分先於全體。因為全體先於部分，所以每一部分的存在都是為了全體，所以在康德哲學中，屬於人性的美的判斷的話，都是屬於目的的，不是屬於偶然的，所有的生命，生命中的所有動作，尤其是人性中的自由，都是在選擇一種目的。

因此由目的導引出來的，不是屬於機械的因果，而是屬於自由的選擇，因為他有自由的選擇，於是不必經過經驗，只需要理性的觀念就可以把它指出來。

當然除了三批判之外，康德還有其它的著作，其它的著作主要的還是從形而下的知識達到形而上的境界，然後從形而上的境界走下來，實踐他整體哲學的設計。康德的哲學很清楚的是希望感官的世界都由精神去統治，而對人的態度則是用良心的絕對命令，這種絕對命令不是在自己以外，不是別的人或別的法則，甚至不是宗教所給予的一種東西，而是天生來就有的絕對命令，由於每一個人自己本身與生俱來有這道德命令，於是在康德形而上的設計中，每一個個人是一個整體，每一個個人是獨立的，整體的宇宙在康德看來，它的問題卻不是那麼主要，主要的是要體認出人是什麼的問題。

結論

康德哲學在於用「人性」的天生道德意識，來衡量自身以及宇宙的存在，這種「行」之中有「知」的哲學探討，在西洋整個哲學發展史看來，是一大發明。昔日羅馬時代亦曾經有過倫理學的探討，而且曾經有了某一程度的成果，但是，當時的「行」固然有宇宙論學說作為基礎，仍未免缺少知識論的支持。羅馬的「行」的哲學，與其說是哲學，毋寧說是宗教。康德在西方近代哲學中，首先用知識的批判，在知識論上給人性的倫理道德奠定一個基礎，然後以「人性」的「獨立性」以及「不假外求」的預設，建立了道德哲學體系。而在這獨立性之中，暫時把西方宗教「假外求」的學說存而不論，卻在個人內心的良知上，刻劃出「人性向上」的原則，而且在個人「行善避惡」的動機後面，放上上帝存在的事實。

究竟這「人性向上」的預設，以及人性在內心已經預料出上帝必然存在的傳統，會不會把人帶上傳統的宗教之中？抑是應當用「超人」的名字來形容康德的哲學呢？則是日後康德學派中爭論的主題之一。

和柏拉圖一樣，康德固然強調先驗世界的真實性，但卻絲毫不忽略現世的一切，柏拉圖雖然不承認感官世界的真實性，但是畢竟柏拉圖得在感官世界中建立他的理想國；康德也是如此，他的批判、他的藝術學說、他的宗教觀點，在在都使他在「成己成人」的事工上努力，使他在這個具體的社會上過一種頂天立地的生活。

康德是西方道德哲學家，究竟他的學說是否受到萊不尼茲很大的影響，而後者則必然受了儒家「行」的哲學所薰陶，則是今後研究康德哲學的學者們應該注意的事，尤其是中國人研究康德哲學的最主要任務。

翻開康德的十二範疇表，再去對一對萊不尼茲講解《易經》的原理，如何以「主觀」的「能知」去把握「客體」的「所知」，十二判斷種類以及十二範疇，尤其在分量、性質、關係、狀態四分的架構上，無論是站在任何一個角度，都和《易經》的八卦相似，即康德十二範疇的設計，是否即為我國八卦的翻版？這是一個很大的問題。

本來《周易》所探討的問題也是屬於本體論的，《易經》所引發出來的哲學竟然是「行」的哲學，康德的哲學本來也是屬於知識論的，竟也導引出「行」的學說，這種共通點也許可以說明中國哲學的「行」由形而上做基礎，而西方哲學的「行」則奠基在知識論上，有我國的《周易》與康德的道德哲學可以引為佐證。

要研究西洋哲學，康德是承先啟後的哲學家，學者不可忽視，針對中國哲學的探討（如何建立一個有體系的知識論），康德哲學更是一種指針；因為他不是從形上學去建構他的道德哲學，而是以知識論的批判，走向了「行」的層次，然後在「行」的層次中說明它的形上基礎。

隨著康德而來的，除了德國觀念論外，尚有許多新康德學派的誕生，有毀有譽；所相同的，就是探討人性「知」和「行」的問題，以及二者之間的關係的問題，所不同的，是要討論康德這種「行」的道德哲學要如何實行，並且在如何實行中，能夠在社會、政治、倫理道德這些方向，尤其在宗教的形而上的探討中，如何把康德的哲學，特別是把他以知識論做基礎的形而上的方式講出來，也就是今後研究康德哲學的一個大的方向以及大的課題。

第五節　康德之後的德國哲學

康德的《實踐理性批判》，確實使得西洋的哲學有了一個新的局面，至少在他的批判哲學中，於《純理性批判》著作裡指出傳統哲學的不足，而他在積極方面是提出人性中的道德規範、道德實踐的問題，這個問題的提出在德國引起很大的風暴，有的人讚美康德，也有人反對康德，可是無論是讚美或反對，最後都得針對康德所提出的問題繼續探討下去，這也就形成德國的觀念論。

在此節中，分為三種角度看康德以後的德國哲學的發展：

一、反康德派

反康德的學者以為康德所提出的問題走離了哲學的界限，尤其是他把「實踐」與「感受」兩個問題放在哲學裡討論，而西洋的傳統總以為以「知」為中心的哲學才是真正的哲學，因此所有反對康德的學者都在這一點上攻擊康德。

我們在此可以提出三位思想家的意見：

1.克拉威

克拉威 (Christine Grave, +1798) 以為康德的觀念論雖然外表上用了「批判」一辭，可是其真面目與柏克萊並無差別，因為二者都強調主觀的「感受」，除了主觀之外，什麼都不存在。如此真正批判康德的理由是，說出他的二元論，而忽略了感官世界的真實性。

對此難題，康德曾經親自答覆克拉威，康德以為「物」有兩種：一種是真實的，另一種是觀念的，而我們的理性對於真實的事物只能夠在「現象」中打轉，到不了「物自體」，但是對於觀念界的事物，是在我們理性的範疇之內。因而就康德而言，觀念界的東西我們可以把握，但是感官界的東西只可以把握部分，只把握住理念界的那一部分，屬於現象界的一部分，而無法得到「物自體」的體認，所以康德以為還是可以提出「實踐理性批判」的路線。

2.耶可俾

耶可俾 (Fr. H. Jacobi, +1819) 以為康德在學說上，本身就有矛盾，他以為康德的矛盾是，康德把「感受」列為感官世界的成果，而同時又把因果的原則歸於「物自體」的領域，可是事實上，我們的「感受」和「物自體」是沒有關係的，耶可俾以為我們應該把「感受」和「現象」聯結起來，「物自體」不可知，所以也不可以把它當做因果的關係。

3. 赫而德

赫而德 (Gottfried Herder, 1744–1803) 所關心的是生命的問題，以為康德的著作太理性化，太硬了，而沒有情感在內，是一片沙漠，沒有生命，可以滋潤人的理性，能夠使得人在思想上有推敲作用，但是不若甘露滋潤人的心靈，所以赫而德反對康德的哲學。

二、親康德派

反對康德的人，提出康德學說的矛盾以及二元的說法，而親康德派的人認為康德提出人性的整體，而能夠站在整體的人性上，以分階層的方式，以主體超升的方式，更能夠體認世界。在此亦提出三位學者：

1. 保羅真

保羅真 (Jean Paul, +1825) 讚美康德：不是世界之光，而是前所未有的、完整的、燦爛的太陽系。他給人類指出除了認知的悟性之外，還有一個能夠實行的，追求的生命。

2. 蘭荷德

蘭荷德 (Karl Leonhard Reinhold, +1823) 極力推崇康德的學說，以為康德能夠把人性提高，而在人性倫理道德的層次上回首看知識的層次，如此知識的功用完全在於實行，以為我們的認知完全在於做人的基礎上。

3. 梅滿

梅滿 (Salomon Maimon, +1800) 特別指出康德的學說能夠替整個德國的學說找到一條出路，以為在「物自體」的學說中，雖然否定了純理性的能力，可是卻提出實踐理性的可能性，而這種實踐的哲學也正是人們所需要的。

除了以上的哲學家贊成康德的學派之外，還有德國大部分著名的作家，都採取了康德的思想，如歌德 (Goethe)、希勒 (Schiller) 等等。

三、德國觀念論

康德以後，無論是反對或贊成康德學說的學者，他們都得研究康德的哲學，有些學者不是站在讚美康德的立場，也不是站在反對康德的立場，而是設法把德國的哲學生命繼續下去，本身也構成一個偉大的體系，這就是德國觀念論 (Deutscher Idealismus) 的誕生。德國觀念論的誕生，最主要的是繼承了康德的體系，而在知識論以外，特別以整體的思想體系，以整體宇宙的問題來解決哲學的問題，希望除了康德的理性批判之外，還能找到一條通往整個宇宙的大道，然後再把人性安置在整個的宇宙中，而完成討論宇宙、人生的終極問題的哲學。

傳統哲學中，通常對於知識論或宇宙論都有一種新的觀察，尤其是從近代哲學的理性主義與經驗主義之後，主客的關係，主客之間的探討都站在「靜」的立場去看，康德則在主體和客體之間，設法使客體仍然「靜止」在那個地方，可是主體卻是「動」的，能夠透過實踐理性批判去實踐道德的命令，使得自己超升。

這種道德命令是屬於一個「動」的世界，到了德國觀念論，認為康德把主體當做「動」的，而讓客體「靜止」在外面，尤其使得客體的「物自體」與「現象」兩者同時存在，認為這種方法似乎不太妥當，因此德國觀念論所注重的是要把整體的宇宙恢復到古希臘時代的宇宙觀，使得整個宇宙都在運動變化之中，所以在知識論上，主體在動，客體也在變動中，而在本體論上，整個的宇宙都在運動變化，用中國哲學的一句話來形容，德國觀念論的主旨是要討論宇宙和人生的生生不息的原理。

在傳統哲學中，從希臘或到中世時期，主體的宇宙都是一個屬於立體的方式，整個的知識論走上形而上，再走上倫理學的時候，都是一個屬於動的、變化多端的世界。到了近代的經驗主義與理性主義竟然把整個的世界變成平面的來討論，用分析、直觀的方法，整個的知識論無論是主體或客體都靜止在那裡，讓人去觀察。

康德從新把這個立體的宇宙架構，從人的「知」和「行」，即從人的知識和道德建立整個宇宙觀，成為一個有價值的世界，德國觀念論又重新回復到古典的哲學去，把宇宙變成一個立體的架構，從知識能夠到達形而上，再從形而上下來，到達實踐哲學的地步。

在傳統哲學的爭論中，主要的是唯心論與唯物論之爭。唯心論主張目的的宇宙，主張這個目的在宇宙以外，而唯物論認為機械的運動，所有的動因都內存於物質之內。德國觀念論出來，使得外在的目的因變成內存的目的，使得內存的東西也變成了目的，所以完成了亞里士多德的內在目的性的學說。

在德國觀念論的學者中，特別提出三位大的思想家：費希特 (Fichte)、謝林 (Schelling)、黑格爾 (Hegel)。費希特是主觀的觀念論者，謝林是客觀的觀念論者，而黑格爾則是絕對的觀念論者。

近代哲學從理性主義，經驗主義開始，一直發展到觀念論之後，可以說是到達了峰頂，不能再發展下去了，尤其到了德國觀念論，因為他們把思想和存在劃為一體，已經把思想的法則——辯證法，以「正、反、合」的過程解釋一切生生不息的現象，把知識和思想過度到存在和宇宙當中。哲學到了這個地步以後，由於「正、反、合」的天羅地網罩住了整個的宇宙和人生，在宇宙和人生的各種問題中，就不能夠再有任何的問題產生，因此哲學發展到黑格爾之後，就必需有另外一種路線出來，西洋的哲學從黑格爾結束以後，發展到另外一個階段，也就是當代哲學的階段。

第二章　費希特

費希特 (Johann Gottlieb Fichte, 1762–1814) 是德國觀念論的第一位思想家，因為他首先在思想的法則上發明了辯證法，可是我們今天研究費希特的哲學，尤其是對於今天的中國人，費希特特別注重民族意識的問題，在德國民族意識衰微期間，透過他的演講，使得德國士大夫階級重新出來救國，所以費希特的哲學，最主要的不是他的理論層次，而是實踐的層次，他能夠在理論上發明觀念論、辯證法，可是同時能在實踐層次上發展了教育哲學。

第一節 生平

費希特生於德國奧柏勞息(Oberlausitz)城，家境清寒，出身低微，少年時工讀出身，直至一七九四年任教於耶拿大學，可是五年之後犯了「無神論」的嫌疑，遭受免職，然後他往柏林做研究工作，在法國拿破崙侵佔德國之時，特別利用民族意識的精神振奮德國民心，同時創立了柏林大學，用理論與實際二方面發展了他的教育哲學，而他的教育哲學最主要的基礎則在於民族意識，費希特對於德國的意義，尤其是希特勒以後的德國，還能夠由於艾登諾總理的領導而復興起來，是依靠他們的教育，而這種教育的原理都起自於費希特。

一八一四年死於文特班(Wendbrand)。

第二節 著作

《一切啟示的批判嘗試》(*Versuch einer Kritik aller Offenbarung*, 1792)。

《總體科學之基礎》(*Grundlage der gesammten Wissenschaftslehre*, 1794)。

此部為費希特的代表作，因為在此書中，他提出辯證法。

《依科學原理之自然權利基礎》(*Grundlage des Naturrechts nach den Prinzipien der Wissenschaftslehre*, 1796)。

《依科學原理之倫理學體系》(*Das System der Sittenlehre nach den Prinzipien der Wissenschaftslehre*, 1798)。

《封閉之貿易國》(*Der geschlossene Handelstaat*, 1800)。

《論人類之命運》(*Über die Bestimmung des Menschen*, 1800)。

《真福生活勸言》(*Anweisung zum seligen Leben*, 1806)。

《告德意志國民書》(*Die Reden an die deutsche Nation*, 1807)。

第三節 著作導讀

費希特的思想，可以在他的著作先後秩序中看出，他要先找出知識的基礎，找到知識的基礎以後，還要找尋具體的個人權利以及倫理道德的體系，從這種形而上的原理體系之後，再談人與人之間的關係，國與國之間的關係，以及人類最後的命運，而提到人類死亡以後的生活，當然這涉及了西方宗教的問題，可是就在費希特的思想討論到形而上的時候，恰好碰到法國入侵德國，於是費希特由理論的哲學生活過度到具體的、教育的演講生涯。

所以我們讀費希特的著作，可以依照著作出版的年代，先讀《一切啟示的批判嘗試》，費希特在此要把西方傳統的哲學和神學分開來討論，他以為神學有神學的知識來源，哲學有哲學的知識來源。哲學的知識來源要提出人的思想的根本，也就是邏輯的問題，主體有那些思想的法則，客體有那些存在的法則，這也就是他的代表作《總體科學之基礎》的主題。

在這個基礎中，他開始提出人類思想的法則屬於辯證，是「正、反、合」的辯證，在這種辯證之下，我們就可以得到真理，有了真理，我們就可以遵照它，過一種適宜人性意義及尊嚴的生活，這樣我們就可以讀他的《依科學原理之自然權利基礎》以及《依科學原理之倫理學體系》。

然後再讀《封閉之貿易國》，可以說是由此而建構了他的形而上體系，當問及具體的生活層次的時候，那就是他那部有名的《告德意志國民書》，然後是個人內在生命的指引，即《論人類之命運》與《真福生活勸言》。

讀完費希特的著作以後，我們會發現費希特一方面有清晰的思想頭腦，另一方面又有愛世界、愛人類的熱情，不但在理論上建構了一種足以影響後世的辯證法，而另一方面又利用具體的民族意識解救德國的民族。

第四節 學說

費希特的學說，我們可以分為四方面來討論：

一、學問

「學問」(Wissenschaftslehre)或直接譯為「科學」。費希特開始的問題，當然是康德停下來的地方，他以為康德只把主體提升了，成為動態的東西，而客體仍然是靜態的，即康德所注重的是主體的實踐理性，而不注重外在世界的存在，也不重視整個宇宙存在的問題；也就是說費希特要設法加強康德對主體的體認，而設法把客觀世界存在的法則也拉到主體的思想法則裡來，這也就是他為什麼要發明辯證法，用思想的法則涵蓋所有存在的法則，使得整體的宇宙在人的內心中可以看出它的整體。

康德哲學的結論：以為人有絕對的價值，康德哲學中仍然容許「別的事物」的獨立存在，「人」、「物」仍然為二元；費希特設法溝通康德的人與物之間的鴻溝，並且設法填滿。所以費希特在開始的時候，認為人不應該有極限，因為他的思想在無論正和反的思想方向，就在數理的法則中，也可以從有限跳到無限，從空間跳到無限，從時間跳到永恆，如此，「物」的存在法則豈不都在人的思想法則之中，存在是由思想而產生，放眼去看整個的人文世界確實是如此，所有的成品莫不是由於人的精神作用所產生，因此每一個東西都可以說不是物質，而是精神控制下的物質。

有了這種體驗之後，費希特提出兩條哲學的路，一條是獨斷，用「物自體」來界定「我」及「自由」，另外一條就是用觀念去界定一切。這本來都是很老的哲學方法。用「物自體」來界定「我」及「自由」，表示客觀的態度勝過主觀，可是用觀念去規定一切的話，則是把宇宙萬物都歸類到內心裡。

費希特提出這個問題的目的，是要設法把康德沒有走完的道路繼續下去，重新用一種新的批判方式，能夠在思想當中，使得所有存在的法則都能夠適應。

二、辯證法

費希特在德國觀念論中最大的貢獻，就是發展了邏輯的辯證法，這種辯證法雖然屬於邏輯思考的法則，可是卻是把整個宇宙存在的問題包括進去。目前我們由於對唯物辯證的批判，有很多人研究辯證法，都知道它是用思想的正、反、合構成，而事實上又把這種正、反、合的方式應用到社會階級的對立與鬥爭中，站在純思考的立場去了解的話，我們必需先了解費希特的辯證，然後明白黑格爾的辯證是如何來的，也才能夠把握住馬克斯或費爾巴哈的辯證。

我們可以在這裡用最簡單的比喻去了解辯證的來龍去脈，先假設這整個的宇宙，無論是思想或存在，人類或其它的物質，當沒有一種意識或思想去界定它，沒有自我意識自覺到自己和別的東西不同，又是屬於一個個別的存在之時，這整個宇宙就成一個混沌的大統一，以佛學的名詞而言，是一個「真如」的世界，在這個虛無飄渺，而又混沌的宇宙中，你我是不分的，也無所謂善、惡的對立，更沒有是非的觀念，一切的一切都融合在一個大統一之中。

可是費希特指出在這整個的大統一裡面，忽然間就有了自我意識的自覺，只要裡面有一種自覺的產生，這種自覺馬上意識到自我的存在，當意識到自我的存在，很顯然的，把自我和別的事物隔離開來，因此這個自我就變成「我」的存在，其它所有一切的東西都成為「非我」的存在。這是很容易明瞭的由數學而來的公式——「A加上非A一定是等於零」，這個「零」代表了一個沒有意識、沒有差別的「真如」世界，我們所有的邏輯思想也就從這裡開始。

我們舉例說我這支鋼筆，如果要思考它的時候，只需要用這種辯證的法則，就可以想到全宇宙的東西沒有一點是遺漏的。比如我說我想到這支鋼筆以及「非」這支鋼筆，這一定是網羅了整個宇宙的存在。所以辯證法一開始的目的，就是要用肯定以及肯定本身的否定方式，去籠罩全宇宙的東西，控制全世界的存在。

因此在「真如」的世界中，有了意識的存在，馬上就呈現出兩種不同的世界，一個是有意識所控制的自我存在，另一個是意識並不去管它而思想又必需想到的「非我」世界的存在，因此在費希特的辯證中，「我」與「非我」變成一種對立，而這種對立，「非我」是「自我」的否定，「自我」是在整個「真如」世界裡的「自我」肯定。

現在費希特還要更深一層地問：「為什麼會有『非我』的存在？」問得更深一層的話，那就是「為什麼會有『自我』的存在？」也就是說，在這整個大的統一的「真如」

世界中，為什麼會發生分裂的現狀？為什麼會有「我」及「非我」的對立呢？為什麼會有「我」的肯定和否定的存在呢？到了最後很清楚的是由於「自我意識」的產生，如果我沒有意識，不能夠意識到「自我」的存在，就不會有「非我」的存在，所以整個「真如」世界的分裂，事實上起自「意識」。

因此整個辯證的問題以及整個存在的問題又回到自我的意識中，「意識」是使得整個的存在之所以統一或分裂的最終原因；也就是說，「思想」是所有「存在」的原因，這麼一來，當我們發現到思想的法則與存在的法則都在「自我意識」中的時候，就成為一個「合」；因為所謂的「正」與「反」，「我」與「非我」都是由於自我的意識所產生的，「自我意識」以外，根本沒有「正」與「反」的事物。

這是一種用最簡單的方式去懂得費希特的辯證，用「正、反、合」解釋我們的思想以及整個宇宙的存在。如果世界上宇宙萬物中有殊相、差別相、有個別的東西，那是因為我們有思想，在沒有思想或意識的宇宙當中，一切都是混沌，沒有所謂的「正」，也沒有「反」，更沒有所謂的「合」；在有思想的世界中，一切都會從「正」開始，而從「正」的否定導引出「反」，從「反」的立場找出否定的否定而成為「合」，這「合」已經不是原始時代的意識，它已經升高了一層，因為它已經經過思想的辯證，已經經過肯定，以及肯定本身的否定。

費希特的這種思想，最主要的淵源是來自〈約翰福音〉的第一章「道成肉身」的學說，「道成肉身」的學說很顯然的是希伯來民族的二元論的結晶，在希伯來民族中，認為上帝創造了人類之後，因為人類犯了罪與上帝決裂，所以上帝只好自己降凡，使得耶穌基督一方面有神性，另一方面又有人性，這又是人又是神的耶穌基督，能夠把上帝和人聯繫起來，能夠填滿人、神之間決裂的鴻溝。費希特辯證法的來源就在於此，能夠使得矛盾統一，使得對立統一的動機做出發點。

所以如果我們要了解西洋的辯證，必須先懂得西洋的二元，而西洋的二元又必須在中世整個神學與哲學的體系中去尋找，尤其是在西洋信仰中的上帝與人之間的關係，以及人與上帝之間的關係。

三、倫理學

費希特因為在知識論中有辯證法的發明，因此他認為整個的宇宙，無論是存在或思想，無論是物質或意識，都在動態的情況之下，這個動態在人性方面而言就變成了倫理道德的實踐，所以他認為倫理才是真正的存在的根本。因為人的思想，費希特認為它只不過是使得人能夠在宇宙當中，脫離物質或其它的一切東西而獨立存在，也就是說人應該在這個宇宙當中頂天立地，而人之所以能夠成為萬物之靈，那就全靠他的倫理道德的實踐。

這個倫理道德的實踐，當然費希特是受了康德的影響，所以費希特用了〈約翰福音〉中的第一句話「太初有道」的法則，說明「太初有實行」，這個「實行」就是他的辯證法中，人類有意識，意識到自我的存在，這種「實行」的思想，是費希特哲學的重心。

他以為所有的存在，尤其是人的意識存在，就是「實行」，他不是一個靜止的東西，不只是人的主體不是靜止的，就是思想的客體也不是靜止的。德國觀念論發展了整體的宇宙體系都在運動變化之中，而這運動變化就是費希特所謂的「實行」，所以他的存在是「實行」。

在他的整個倫理學說中，「做」才是理想的根本，在「做」之中，開始的時候會發生矛盾和對立，但是終究會成為和諧和統一。因為在「做」之中，一開始的時候是控制自我；在控制自我之中，才能表現出一個人實現自我的決心，因為他要實現自我，所以他要把自己以往的狀況超越過去，就成為超越的自我，在超越自我中，總是設法超脫所有物質的束縛，甚至超脫精神的束縛，而到達自由自主的境界。

這個自由自主的境界，很顯然的又成為一個「絕對我」的情形，這個所謂的絕對，是指在「真如」的世界中無你、我之分，沒有任何的矛盾或對立的可能性，這種自由自主就等於他的辯證法中的「真如」世界。

費希特的倫理學所標榜的，是人生的目的就是「做」或「實行」，這「做」或「實行」，不只是就個人而言要征服生、老、病、死諸現象，使得現世變成天堂，而且使得人的實踐要在群體當中，因此費希特真是有國家民族的意識，他認為全體共同努力創造的社會才是人類最後幸福的保障。

人和人之間的關係，費希特認為不應視為對立的，而應該看為同路人，互相幫忙，互相鼓勵，有同舟共濟的精神。

「實踐」應該為了群體，因為這群體才是真正「合」的現象，「合」是超越了「正」和「反」，到達了宇宙的「真如」世界，而「自我」也變成「絕對我」，也在整個宇宙之中，形成所有的人都成為一體，不但是人，而所有的存在也成為一體，變成「真如」的世界。

四、「存在」與「實踐」的關係

費希特在一八〇六年之後出版了《真福生活勸言》，在此書出版之後，費希特修改了他自己學說的方向；他認為「實踐」的後面應該有一種「存在」，也就是在所有的運動變化後面，應該有一個不動不變的原理原則，這種主張改變了他以前「實行先於存在」的初衷，而變成「存在先於實行」。因為費希特在這時候所想到的，不只是人的今生問題，而是把今生延長到來世的真福生活，這個真福生活中任何事物都是不變的，他意識到他的辯證法只適應於我們的這個世界，而不適用於超時空的永恆境界中。

一提到「存在先於實行」，表示了形上學的可能性，也必然推論出「神」的存在問題，也就是說，費希特的後期思想中，總是設法從運動變化推論到不動不變，從「實行」推論到「存在」，而且從一般的存在推論到絕對的、必然的存在。這種絕對的、必然的存在才是一切「實踐」的方向與目標。

一切的「實踐」都由這必然的、絕對的存在所吸引，所有的「實踐」也只能安息在這必然的、絕對的存在中，因此費希特在這裡用宗教的學說闡明人類的思想分期，費希特把它分為五個時期：

第一期是整個的宇宙在他的辯證法之前，所存在的一種混沌時期，在那時候人類的理性和本能根本不分，事實上是有完全自由的境界來統治一切的時期，是為「無罪期」。

在此期中，「物」、「我」根本不分，也沒有意識的產生，因而也談不上是非善惡、真假對錯的問題，是萬物完全自由的時期。費希特提出希臘時期的詩歌，根本是「人為」與「自然」不分的狀態。

第二期是人性的本能受到外物的動搖，漸漸地失去自由，而理性去統治一切，把一切都放在遙遠的未來裡，是為「誘惑期」。在此期中，人類的意識漸漸覺醒，覺醒到自我的存在，物我之間已經慢慢地呈現出不穩定的現象，因為他的本能失去了控制，這段時期等於希臘開始沒落，羅馬帝國興起，東方的基督教信仰又傳入的一段混亂時期。

第三期是理性和本能都完全失去了互相控制的能力，是為「犯罪期」。因為意識的覺醒和運用，使得物與我截然地分開，在此期中，「絕對我」已經完全消失，而呈現出來的只是對立和矛盾。

第四期是理性和本能又再度尋找真理，是為「救贖期」。此期的救贖有「實行」，有「實踐」去促成，從各種的對立與矛盾中設法再回到「統一」的境界，這也就是費希特的教育哲學的最大功能。

第五期是理性慢慢地超越以往所有痛苦的經驗，而超升到藝術的境界，是為「成聖期」。由實行到統一，再由於統一的超升，回復到比未分化以前的情況更良好的境界。在此期中，「絕對我」又回復了自由，能統合一切，又能使一切成為渾然一體。

費希特把這五期象徵著人完成自我的途徑，從「絕對我」開始又回到「絕對我」之中，經過了「實行」的過程。

第三章 謝林

謝林 (Friedrich Wilhelm Joseph Schelling, 1775–1854) 是德國觀念論中的一員大將，我們今日所知道的，他在柏林曾經一度非常風靡，使得存在主義的始祖——祁克果為了內心的平安，曾經到柏林去，希望能在哲學中尋找自己內心的出路，而不幸的是祁克果聽了謝林的課，覺得謝林的整個體系，好像建築方面是建構一座大廈，而工人本身造了大廈，卻不能夠住在大廈中，而應該住在大廈旁邊的一些工寮裡面，祁克果認為謝林的體系非常完美；但是卻不是人所能夠住的。

第一節 生平

謝林生於牧師家庭，大學時代在杜賓根 (Tübingen) 唸書，與黑格爾 (Hegel) 和賀德齡 (Hölderlin) 同學，一七九八年任教於耶拿大學，然後再執教於很多大學，於一八二七年升為教授在慕尼黑大學教書，直到一八四一年講學於柏林大學。謝林先前聲望很高，但是因為整個思想體系不很為人重視，所以死時已無甚聲望。

第二節 著作

《對自然哲學之觀念》(*Ideen zu einer Philosophie der Natur*, 1797)。

《論世界靈魂》(*Von der Weltseele*, 1798)。

《自然哲學體系初稿》(*Erster Entwurf eines Systems der Natur-philosophie*, 1799)。

《超越觀念論之體系》(*System der transzendentalen Idealismus*, 1800)。

《大學方法講義》(*Vorlesung über die Methode des akademischen Studiums*, 1803)。

《對於人類自由之哲學探討》（*Philosophischen Untersuchungen über die menschliche Freiheit*, 1809）。

第三節 著作導讀

謝林的哲學以他的著作時期看來，可以分為四期：

(1)較早的一期是自然哲學（Naturphilosophie）時期：在此期中以為一切都在生成變化中，無論是《對自然哲學之觀念》或《論世界靈魂》、《自然哲學體系初稿》都在這個體系中，以為一切都是屬於機械物理的變化。

(2)可是在一八〇〇年以後就開始發展超越哲學（Transzendentalphilosophie）：出版《超越觀念論之體系》，又提出《大學方法講義》，把自然的世界漸漸地由人性的精神提升起來，整個宇宙的機械性變化成為目的性的變化。

(3)《大學方法講義》一書發表之後，開始成名，設法把他的學說慢慢地提起來，使自然和精神成為同一哲學（Identitätsphilosophie）。

(4)一八〇九年出版《對於人類自由之哲學探討》一書，注意倫理道德的問題，繼而走向神秘，討論宗教信仰問題。

因此我們研究謝林的學說，可以按著他著作的先後順序去唸，讀者可以唸他的《自然哲學體系初稿》，看出他對整個自然哲學的看法，相似於亞里士多德的物理哲學；然後再讀《超越觀念論之體系》，看他如何把人類的精神貫注到物質裡面，把目的的體系改變了機械的體系；以後再讀《對於人類自由之哲學探討》，明瞭他的倫理哲學與宗教哲學的體系。

第四節 學說

謝林的學說，很顯然的可以分為四部分，從自然哲學、經過超越哲學到同一哲學，最後回復到個人自身的倫理道德問題中。我們順序介紹如下：

一、自然哲學

自然哲學 (Naturphilosophie) 是謝林的第一期思想，以為知識完全是由於主體和客體的對立而獲得的。所謂的「自然」，就是提出在我們的知識範圍內能夠生成變化的現象，這些生成變化的現象，就謝林看來，都是屬於機械式的變化，每一種事物在它最單純的一種元素看來，都是在運動變化中，都在「分」和「合」當中。

人類的知識在開始的時候，就注意到主體與客體之間的關係，本來在康德之後，哲學界存留了一個極待解決的問題，那就是除了主觀以外，外在的客觀世界還很大，那些不屬於主觀的存在究竟是什麼？還有在費希特的「正、反、合」的辯證之後，固然知道「我」與「非我」加起來是等於整個的世界，可是現在的問題不是問這個意識的「自我」是什麼，而是要問那個「非我」包括了那麼大的範圍，我們如何去把握它。

謝林在這裡，一方面是為康德的問題找尋一種答案，另一方面是更要為費希特的思想找尋一條通路，所以他說我們研究學問，首先要討論自然，那麼這種討論又是怎麼一種方式呢？如果我們的知識本來就起自意識的話，這種討論豈不等於創造，因此謝林認為討論自然，就是創造自然，在「討論」和「創造」之間劃上一個等號。

就是因為「討論」和「創造」一樣，所以在物質的自然世界中，很顯然的可以找出「精神」的存在，謝林在哲學的貢獻，即他在一切的存在中賦予「精神」的意義。在把握整個自然世界的存在基礎後面，找到了「精神」的存在。

所以謝林認為一切的東西都在運動變化中，這變化的情形總是在一個精神的辯證當中，因此他能夠結論：所有的東西都充滿了精神。他說死物比如是一塊石頭，也有精神，只是它的精神還未成熟，到了人類精神才完全成熟，能夠意識到自己的存在，能夠分辨「我」與「非我」。

這麼一來，謝林以為物質與精神原是一體，在最低等的物質中，精神不夠明朗，在高等的動物中，精神就可以清楚地表現出它獨立的性格。由他這種方式的推論上去，最高的存在，必然是一個純精神的東西。

因此從自然的哲學，謝林可以提出由於精神表象的等級，可以看出整個宇宙存在的層次，所以他就走進了超越哲學的範圍。

二、超越哲學

在自然哲學中，認識的道路是由客體到主體，即先在自然當中漸漸地看到精神，在超越哲學 (Transzendentalphilosophie) 中的認識途徑卻相反之，是由精神來支配物質，因為精神臨在於物質，所以物質才變成有存在的層次。在謝林的哲學裡，精神是優於物質的，也就是說，思想應該先於存在，我們在人文世界的所有事物的探討中，精神的存在，也就是說目的的定律是所有物質存在的最後原因。

謝林在超越哲學中分為三個階段進行：

首先是理論哲學 (Theoretische Philosophie)、第二是實踐哲學 (Praktische Philosophie)、第三是藝術哲學 (Philosophie der Kunst)。理論哲學作為開始，是邏輯的法則和我們辯證法的運用，到了實踐哲學的時候，就是抵達倫理道德的境界，藝術哲學則是「絕對我」的境界。

在理論哲學中，謝林設法從精神推論到自然的物質存在，以為存在的階層，主要的是人性自覺的階層，人性的自覺，因為他同時有物質、生命、意識，又有精神，所以他可以感受出這四個階層單獨存在的情況，他能夠提出人的物質性和物理的形式相同，提出人的生命性和植物的方式相同，提出人類的意識和動物相同，可是人還有精神，他能夠有邏輯的思考，能夠把主體當做客體來討論，使得人適應於世界上。

在實踐哲學的部分，謝林認為人不同於其它有物質、生命、意識所構成的東西，因為人可以使得自己超升，這也就是倫理道德的觀念。

在藝術哲學中，不論知識論的真假對錯，或倫理學上的是非善惡，只是注意到個人存在的境界，這種境界可以說是完全把個人消融在境界當中，變成同一的宇宙。

三、同一哲學

本來在辯證法中，最主要的起因是「正」，然後由「正」的否定成為「反」，可是辯證的目的，也就是最終要達到「合」，即透過一切的矛盾或對立，而成為統一或統一的境界，在謝林而言，他要透過自然的體驗，然後個人的超越而到達統一的境界。

謝林以為理性的作用是認識，而實踐理性的作用是實行，那麼這種實行可以把人性本身提升到與物同一體的境界中，這種同一哲學(Identitätsphilosophie)的境界，好似中國莊子哲學中的「天地與我並生、萬物與我為一」的體認。

同一哲學的最主要概念是「絕對中立」(Absolute Indifferenz)，這「絕對中立」是沒有邏輯的真假對錯、甚至沒有倫理的是非善惡，而是高於所有的知識與倫理層次的神秘境界。這種神秘的境界是延續了柏拉圖與普羅丁的哲學，把所有的分殊東西，都能夠以更高的概念把它們統一起來，「絕對中立」的方式聯結所有的矛盾與對立。

四、倫理學

謝林到了老年，因為所有的功名利祿漸漸地消失，也就特別重視本身的修成問題，這種修成問題的討論，也就成為他的生活方式，因為在同一哲學的最高峰，人性已經走上了神性，已經不再斤斤計較塵世間的得失，他的倫理的最高峰，是要把人追求至善的心情完全表露出來，使得整個動態的宇宙與動態的人的心靈能夠變為同一的法則，從所有的束縛中解脫出來，成為自由自在的精神體，而且是絕對精神的東西。

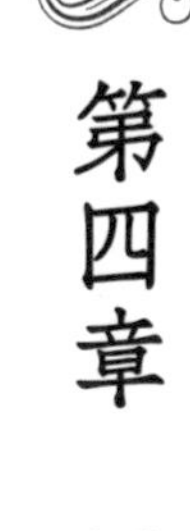

第四章　黑格爾

黑格爾 (Georg Wilhelm Friedrich Hegel, 1770–1831) 是西洋集大成的思想家，他將西方二千多年來的哲學統一在他的辯證法之中，同時又把西方的唯心論推至極峰，使整個宇宙都向著「絕對精神」發展和進步。

第一節　生　平

黑格爾於一七七〇年出生於德國司徒嘉 (Stuttgart) 城，一七八八年中學畢業以後，進入杜賓根大學修道院就讀；當時同窗中有名詩人賀德齡與德國觀念論哲學大師謝林。

大學畢業後，於一七九三年到瑞士做家庭教師，四年後回佛蘭克福 (Frankfurt)。一八〇〇年到耶拿大學執教，時值謝林繼費希特教席，接掌耶拿大學哲學系，開始建構德國觀念論體系，尤其在自然哲學以及形上學二方面，頗有成就。

黑格爾進入耶拿以後，於一八〇一年提出博士論文，並且獲得「特優等」通過。論文題目為「論行星軌道」(De Orbitis Planetarum)，此時漸露頭角，又與謝林合辦《哲學評論雜誌》(*Kritisches Journal der Philosophie*)。後來法國拿破崙入侵德國，隱居包翁堡 (Baumberg)，並為一日報做社長，此時出版《精神現象學》，為後來德國觀念論極重要之著作。

一八〇八年之後去寧堡 (Nürnberg) 做中學校長，其間出版了代表作《邏輯學》，終為海德堡大學聘為教授，時為一八一六年，二年後，應柏林大學之聘，聲名洋溢至極點，直至一八三一年逝世時，已經成為整個德國學術界的偶像。後來黑格爾的著作終於被德國文化部（相當於我國教育部）定為哲學必修課程。

第二節 著作

黑格爾著述頗多，最通常的有兩種分類法：一種是依照時間先後的分類，另一種是依照作品內容的分類。

依照時間先後的分類是：

㈠一八〇〇年以前的作品：

大多屬於神學作品，較著名的有：

《耶穌傳》(*Das Leben Jesu*, 1795)。

《基督宗教之積極面》(*Die Positivität der Christlichen Religion*, 1796)。

《基督主義之精神及其命運》(*Der Geist des Christentums und sein Schicksal*, 1799)。

㈡自一八〇一年至一八三一年，也就是從黑格爾得到哲學博士學位開始，一直到他死之時，其間所出版的作品。此期間是豐收期，整個哲學都在這個時期建立，但是在開始時仍然未脫離神學的範圍。此期主要作品如下：

《費希特與謝林哲學體系之差異》(*Differenz des Fichteschen und Schellingschen

Systems der Philosophie, 1801)。

〈信與知〉(Glauben und Wissen, 1802)。

《自然律之科學探討》(*Über die Wissenschaftlichen Behandlungsarten des Naturrechts*, 1802–1803)。

《精神現象學》(*Phänomenolgie des Geistes*, 1807)。

此書開始了黑格爾體系的建立，由「意識」的探討開始，經過「自我意識」到「精神」的肯定；在「精神」的深度中，又尋出「理性」「精神」超度到「宗教」，超度到「絕對知識」。唯心體系終於圓滿達成。

《邏輯學》(*Wissenschaft der Logik*, 1812–1816)。

此書為黑格爾的代表作，全書分為三大部分：第一與第二部分探討「客觀邏輯」，先從「存有」開始，以質和量的根本形式，走向事物的「本質」，再以本質與現象的對立，發展出「概念」；於是進入第三部分，探討「主觀邏輯」，亦即「概念論」，透過對「自然」的觀察和體認，而逐步走向「精神」，終至走向「絕對精神」。黑格爾在此部代表作中，完全利用了「正、反、合」的辯證形式。

《哲學百科全書》(*Encyklopädie der philosophischen Wissenschaft*, 1817)。

此書集邏輯、自然哲學、精神哲學 (Philosophie des Geistes) 之大成。

《哲學大綱百科全書》(*Enzyklopädie der philosophischen Wissenschaften in Grundrisse*, 1817)。

《自然律與政論大綱》(*Naturrecht und Staatswissenschaft im Grundrisse*, 1821)。

㈢一八三一年之後，即黑格爾死後，由其弟子整理出版者，計有如下各書：

《宗教哲學講義》(*Vorlesung über die Philosophie der Religion*, 1832)。

《法律哲學概論》(*Grundlinien der Philosophie der Rechts*, 1833)。

此書乃《自然律與政論大綱》之再版。

《哲學史講義》(*Vorlesung über die Geschichte der Philosophie*, 1833–1836)。

《美學講義》(*Vorlesung über die Aesthetik*, 1835–1838)。

《歷史哲學講義》(*Vorlesung über die Philosophie der Geschichte*, 1837)。

第三節　著作導讀

面對著黑格爾這許多作品，有早期的宗教著作，有中期及後期的政治哲學作品，以及體系龐大的哲學大著；對一個初學哲學的人，真是無所適從，不知道應該先讀那一本。

因為黑格爾生長在西方文化體系中，而且早年讀神學，故其作品的先後，無法給東方作為先後閱讀的次序指南。讀黑格爾的作品，最好先有一點西方神學的基礎，如果一點神學基礎都沒有的話，要懂透黑格爾的思想，恐怕就要成為不可能的事。

因為黑格爾的哲學體系是從神學走向哲學，因而其思想重心也就在於 Onto-theo-Logie「本體神學」或稱「存有神學」；黑格爾的意思是把「存有」、「神」、「邏輯」看成三位一體。

由於「存有」、「神」、「思想」的三位一體的學說體系，入門者最好先讀黑格爾的一篇文章〈信與知〉，然後就進而讀他的《自然律與政論大綱》，藉以明瞭黑格爾對於自然以及具體人生的看法。

有了「信」與「知」以及具體看法的自然律與政論之後，進而就讀黑格爾的代表作《邏輯學》，窺探黑格爾思想的全貌。

在閱讀《邏輯學》的同時，或緊接著之後，不妨翻閱他的《哲學大綱百科全書》以及《哲學百科全書》。

明瞭黑格爾整體思想大綱之後，可以進而針對每一部分學說，加以深入探討研究。

首先必讀的是《精神現象學》，此書可以說明黑格爾對於物質與精神的二元看法，同時可以改正時下所誤認的「絕對精神」的極端。

此後就在「史」的發展中，看黑格爾對於「發展」和「進步」概念的看法，而讀他的《歷史哲學講義》以及《哲學史講義》。

再後就是哲學出路的「美學」和「宗教」的《美學講義》及《宗教哲學講義》。

最後，再回歸到黑格爾信仰的神學著作，讀他的《耶穌傳》等，藉以了解黑格爾的心靈生活。

第四節　學　說

黑格爾哲學的目的，一方面希望走完康德尚未走完的哲學道路，設法指出「物自體」本身既是「存有」，同時又是「思想」。這種說法顯然地又走回古希臘的伊利亞學派所主張的「思想和存有的一致性」。

要在「思想」和「存有」之間劃上一個等號，最重要的，當然要找出二者之間的相同處，以及相通處，這是屬於積極的方面。在消極方面，要把二者所不同之處存而不論。

依照這條線索，黑格爾應用了他年青時代所學的神學知識，在中世哲學高峰上，採取了〈約翰福音〉首章的意義，以「道成肉身」的奧秘，對於天人之間的關係加以解說，以為上帝與世界的關係，本來是「對立的」，上帝是創造者，而世界是受造物，在本體上就有不同的存在層次；但是，當「人」以上帝的肖像以及肉體出現之後，天地之間就有「人」作中保。可是在天人之間的關係中，由於人類所犯的原罪，致使上帝之子「降凡」，因而「道」成為天人之間的媒介。

在黑格爾看來，《聖經》中的這些「對立」與「和諧」，正如費希特所提出的思想法則中的「正、反、合」辯證。費希特以「自我意識」開始，以為整體存有在沒有「意識」存在之前，那是混沌而渾然成為一體的東西。但是這種渾然一體的東西本身就是一種「肯定」，當這肯定受到某一存在物的「自我意識」，而取代了「自我肯定」的位置後，就自行退隱；這「自我意識」與「自我肯定」就是辯證中的「正」，是「自我」存在的保證。

可是，如果這個有了意識的「自我」發現「自我的肯定」，同時也就是對其它「不是自我」的否定；換言之，誰肯定「我」，同時也就無形中肯定了「非我」。「我」與「非我」本來在原始的渾然一體的存在中，根本沒有區分，如今又如何會劃分出「我」與「非我」呢？主要的是由於這個「自我」的意識和自覺。由於「我」的自覺，使得自我脫離混沌，而變成一種肯定，這麼一來，「我」與「非我」最重要的，還是存留在觀念中，存留在「我」之中。這個「我」同時是「正」(相對於「非我」而言)，同時又是「合」(如果是把「我」與「非我」的起源拿出來研究的話)。

黑格爾把這種正、反、合的辯證法，應用於各種學問上，以為無論是那一種命題的設立，都是「正」(Thesis)，但是如果問為什麼要設立命題呢?那還不是說相反方面的意見也可能被提出。因而命題的提出，事實上又說明「正」之對立，即是「反」(Anti-Thesis)。可是這「反」本身也就是一種命題，它要去反「正」命題，但同樣地，「正」命題也在「反」它，於是成了「反反命題」，亦即是「否定之否定」(Negation der Negation)。

黑格爾思想的西洋淵源，很清晰地，以為雙重否定就等於肯定，否定了「否定」之後，就是「肯定」，「反」了「反命題」之後，就是「正」。但是這「正」已不再是開始時的「正」(Thesis)，而是經過了「反」(Anti-Thesis)之後的「合」(Syn-thesis)。

這「合」的地位是一種存在的境界，同時又是思想的境界；在這境界中，所有的「對立」或「矛盾」都被超越和超度，而且超度至「整體」或超度到「絕對」之中。這整體和絕對即是事物之完美地步，黑格爾稱之為「旁己」(An-sich)。但是這「旁己」本身就是一種肯定，這肯定多少含有一點自私的成份，因而有了違反整體和絕對的原義，於是又有「為己」(Für-sich)。「旁己」是正，則「為己」是反；正和反又將在思想法則中出現「合」，也就是「本然」(An-und-für-sich)，集「旁己」及「為己」之大成。

這「本然」本身又是一種肯定，這肯定引導出那些不屬於「本然」的存在，即「他存」(Anders-sein)；「本然」是正，「他存」是反，二者合起就是「合」，而到達「存己」(Bei-sich-sein)。黑格爾以為「本然」是思想，「他存」是自然，「存己」則是精神。

黑格爾哲學體系，就是要把「思想」、「自然」、「精神」鑄造成一個體系；這體系是活動的，從下到上循環回歸式的，不是直線進行的「正」、「反」、「合」。有了這種方法的體認之後，我們就可著手進入黑格爾體系之中。今就依序講解其思路。

一、論理學

黑格爾稱之為「邏輯的學問」(Wissenschaft der Logik)或是「論觀念之學」(Lehre von der Ideen)。

黑格爾思想之出發點，依〈約翰福音〉第一章，以及先蘇格拉底期諸子的方法，詢及「宇宙太初」和「思想太初」的情形。黑格爾以為「太初」無論在「存有」方面，或是在「思想」方面，都是「旁己」(An-sich)，意即雖然有了存在，雖然有了思想，但是仍然是渾沌的、抽象的，尚沒有具體化的情形。

論理學分成兩大部分去研究：客觀邏輯與主觀邏輯；前者又分為存有論與本質論：

(1)存有論 (Lehre vom Sein)：黑格爾以為所有的「存有」根本是「質」，這「質」才是存有之所以為存有的理由和基礎，因而在辯證法則中是「正」；可是「質」可能只是觀念上的東西，尚未具體化的東西，要真正的存在，就必須有「量」的加入，於是相對於抽象的「質」來說，具體的「量」就成了「反」；可是若深一層去想，「量」的存在並不是獨立的，它也不可能獨立；它的存在純粹是為了「質」，這麼一來，這「反」其實又回到「正」之中，可是，這後面的「正」就再也不是原先的「質」，而是加上了「量」的「質」；這在辯證法中，就是「合」。

在另一方面，「質」本身的「存有」特性，如果看成「正」，則「質」的否定就必然是「存有」的對立，也就是「無」，而在「有」和「無」之間原有一條通路，那就是「成」，生成變化或者是生滅現象，就是「合」；因為它確實能夠從「有」變「無」，也可以從「無」生「有」。

每一種「成」都表示「存有」已經具體化，而從「存有」走向「存在」。而只要有了具體的「存在」，馬上就呈現出「有限性」和「無限性」；若把「有限性」當做是具體事物的正常狀態，則在辯證法中稱之為「正」，這「正」的肯定，也就是「無限性」的否定，於是「無限性」成為思維法則中的「反」。這「正」和「反」的綜合工作，就是有思想的個別存在的「為己」(Für-sich-sein)。

這「為己」的個別存在，可以是「一」，也可以是「多」，「一」與「多」在思維法則中成了「正」和「反」，但總綜合在「量」之中。

從「質」發展到「量」，一方面是事物從抽象的「存有」，走向了具體的「存在」；另一方面則是從質的「正」演變出量的「反」。

可是，這「量」相對於「質」來說是「反」，而其本身的「旁己」則亦是「正」。

這當做「正」的「量」需要「延續」作為具體存在的保證，於是有「延續」作為「反」；而正和反的結合則產生了「限制」，而成為「量」的具體化，具體的「量」不可能是一個，而應是散漫的，因而需要統一的「總和」；散漫的具體的量為事物的真實面是「正」，而「總和」則是一種理想，是「反」。然而這正和反都可由更高一層的「數」表現出來。這「數」就是「合」。

「數」本身雖然是「合」，但其統一性之中，卻有著「等級」之分，有多寡之別。於是「等級」成了「數」的正面；至於「數」的反面則是否定「數」的有限性，即是「無限」。等級為「正」，無限則是「反」，需要由「質量」去統「合」。

當然對「質」和「量」而言，「質量」是「合」，但是這種「合」卻也是事物的具體化；具體化的東西無論如何都是特殊的，這特殊的東西必需由更根本的「實質」來支持，於是造成了「本質」問題的綜合研究。這研究就引導著「存在」的體驗，走向「本質」的討論。

(2)本質論 (Lehre vom Wesem)：提出本質，就使人想起與本質相對的現象，黑格爾以「本質」為正，因為它才是事物的真象；而以「現象」為反，由這正和反得出來的「合」則是事物的「真象」。

但是在本質本身，又出現另一系列的辯證，「本質」的根本是「本質性」，這「本質性」的對立是「表象」，可是正因為有「本質性」和「表象」，才真正造成事物的「基礎」；由這基礎出發，而形成具體的「存在」。

這「存在」也就是「現象」與「本質」的「合」，但其本身還是依靠二者之間的「關係」而形成；這「關係」才是使事物變成「真象」。

這種從「本質」和「現象」所綜合的「真象」本身，又成了辯證中的「正」，而其反面則是超越真象的「絕對」；二者之合，就成了「絕對真象」。這「絕對真象」就是「概念」，就是超越了真假對錯的思想最根本元素。

由此黑格爾就進入「概念論」(Lehre vom Begriff)，也就是所謂的「主觀邏輯」。

二、概念論

黑格爾觀念論的開始，與亞里士多德的邏輯相彷彿，以「概念」為最基本的因素。可是，概念在根本上是「主觀的」，是主體意識內的東西；而宇宙的真實面，除了主觀的東西之外，尚有「客觀的」東西與之對立，如此，若以「主觀性」為「正」，則在辯證法中，「客觀性」就是「反」，而最後必需由主客統一的「觀念」來統「合」。

就在「主觀性」單獨地討論時，在整個的傳統三段論法中，「概念」為最基本，也是最先的單元，可視之為「正」；而「判斷」則是把概念的獨立性破除，而把零星的概念，甚至將概念與概念之間的關係，用「分」或「合」的方式，重新組合；因而可視為「概念」的「反」。可是若深思下去，為何在一個人的主觀內，要分合概念，還是由於主體想透過判斷得到結論，因而「結論」的出現，事實上就是「概念」與「判斷」的「合」。

同樣地，「客觀性」的地方，無論站在那一種研究自然科學的方法，都可看出「機械」的特性，一切客觀存在都有機械的必然；可是這種物理的機械的必然，又成了對自然「正」的觀察；自然亦有其「反」面，那就是所有生命現象所呈現的「化學」變化；機械式的變化，只是物理變化，只是「量」的變化；而生命現象所表現的，則是「質」變，屬於化學變化的範疇。

集合物理的以及化學的變化法則，尤其在生命體中所觀察出來的事情，就可歸結出「目的」的結論。「目的」是綜合了所有物理變化以及化學變化的「合」。

更在「觀念」的大結「合」中，呈現出「生命」的活躍現象，它不再是「死」的，不再是純機械的，它的結論總是向著「生命」的高度發展；「生命」層次再往上升，就是「意識」的層次，「意識」的整體存在法則都「超越」了「生命」現象。因而把「生命」看成「正」，則「認識」就成了「反」。這種正反的交互作用，到最後就演成「存在」與「思想」的大綜「合」，就是「絕對觀念」。

從「質」與「量」的探討，透過無數的「正、反、合」辯證法，終至結論出「絕對觀念」。

三、自然哲學

黑格爾站在思想的立場，先解答了理念的課題，從對事物的概念開始，發展到絕對觀念。在另一方面，他又要走出主觀，而設法討論外在世界。黑格爾稱外在世界為「他存」(Anders-sein)，意即觀念之外的，與觀念不一樣的存在。

如果我們用笛卡兒的術語來說，黑格爾的「觀念」好比「心」，好比「思維」，而其「自然」則似「物」，好比「廣袤性事物」。如果把「觀念」作為「正」，則在辯證法中，「他存」就是「反」；而能統一這正和反的「合」就是「精神」。

這種以「精神」作為統一的原動力的想法，意即承認「精神」的永恆性和絕對性；而這永恆和絕對的「精神」曾經因了本身的動力，而走出自己，進入觀念的階層；然後再從觀念降凡到自然界。最重要的是，精神在自然界中，竟能超度自然，帶進觀念界，然後再將之偕同觀念，引進到精神自身之內。

如此，黑格爾哲學所要提出來的自然哲學，最主要的仍然不是對「自然」的認識，而是對自然的「把握」，對自然的「提升」，而這超升的目標是精神界，而且是進入到「絕對精神」的高峰。

在「自然哲學」(Naturphilosophie)中，黑格爾仍然用其全能的「正、反、合」辯證法，以「質」和「量」的二元，當作是對立的存在，而後來質和量的合併，當作是

「合」。

屬於「量」的，總擁有機械物質，都可以是無意識的存在，都是屬於精神世界中「自己以外」(Ausser-sich-sein) 的存在。這就說明物與物之間的關係，是沒有意識的，是沒有交往的，只是純客觀的東西。它們相互之間要發生關係的話，就必須經由意識的啟發，透過概念及觀念，而最後引進精神境界的，才能成為存在以及思想系列中的真實。這麼一來，時空中所發生的一切方位運動，一切重力原理，甚至物理變化，都屬於「量」的課題。

「量」固然重要，它不可能是「零」，因為如果量的數字是零，則再好的「質」亦沒有用。但是，「質」仍然比「量」重要，因為「質」才使得一種東西變為有價值；因此，「質」是「量」的基礎，「量」是「質」的條件。

可是，質與量縱使都到了高峰，若沒有生命的臨在，仍然是死物，因而「生命」的目的性，才是真正支持事物存在的最終理由。「生命體」就包含了質和量在內，可是並非質和量的相加或總和，而是「大於各部分的總和」，這生命體最起碼的層次，就是植物，也稱為「有機體」，最後是人，都是有機體，亦都一步步地超越了有機體。

黑格爾對於自然的解釋，都是為了精神，以精神的發展和進步為目的；因此，就在生物的層面中，黑格爾以為生命體的現象是新陳代謝，新陳代謝就是消滅自己原有的一部分，好接受別的、新的東西。物質自己消滅自己一部分，好讓精神來工作，讓精神來超越。

四、精神哲學

它是討論「在己」(Bei-sich-sein) 之學。在最終的抉擇中，黑格爾以為精神的表現，最根本就是「觀念」，這觀念由於非物質性，它的否定就成了物質的「自然」。「觀念」與「自然」的對立是正和反；可是「自然」的再否定，就又回到「觀念」之中，這後面的觀念，因為經過「自然」的否定，是經過雙重否定之後產生的，因而是「精神」。

「精神」的本來面目既是「正」，因為它總是「主觀的」；但是「客觀精神」的出現和強調，就成了「反」，要統一這主觀精神和客觀精神的，唯有「絕對精神」。

在「主觀精神」中，有「旁己」，是為「正」；有「為己」，是為「反」；然後就是「旁己」與「為己」的「自己」，是為「合」。「旁己」是靈魂，但是靈魂在存在的範疇中，是「體」，尚有「用」的產生；所以是討論理論的「人類學」。「為己」則是「意識」，是靈魂開始發揮其「用」的明證，亦即開始討論具體的人生：法律、倫理、道德，都是討論的範疇。到了「合」的「自己」，則顯然進入精神的境界，是靈魂「體」、「用」皆到達最高峰的時候，此時人性已經進入「藝術」和「宗教」的層次；到最後，在黑格爾看來，歸結在「哲學」之中，成為「用一切去衡量一切」的學問總匯。

在「旁己」中，最原始的是「自然」，從自然演進到生命，再進而為「感覺」；這「自然」與「感覺」之對立消融在「靈魂」的真實中。

在「為己」中，相對於自然的就是「感性」，這原始的感性漸漸地發展到「知覺」；至於再進一步就是超越「感性」和「知覺」的「悟性」。「感性」是「正」，「知覺」是「反」，則「悟性」是「合」。

可是，當這本身是「合」的「悟性」，一旦獨立存在起來，自身又變成為「正」的，「意識」又會以「反」的立場與之對立。這種對立，唯有「精神」可以消解；因而「精神」的合，才到達了一個段落。

然而，就在這「自己」的「精神」中，也無法脫離正、反、合的發展法則；至少是，先有正的「理論」，後有反的「實踐」；而「自由精神」就是統一這理論與實踐的動力。

「理論」本身，又充滿著辯證；因為精神的「直觀」是正，而「表象」是反；而「思想」就可以把直觀和表象連結起來。

「精神」表現出來的最低層次是「感性」，但亦有「衝動」與之對立，唯有「幸福」才能止息感性和衝動。

提到「客觀精神」，雖然相對於「主觀精神」時是「反」，但其本身仍是「正」的地位，在辯證法中，「存在」是最原始的，但這原始的存在，則需要「倫理」的覺醒，「存在」與「倫理」發展成「道德規範」；但是，「道德」可以是「家族」的，或是「城市」的，而其「合」的更高一層，則是「國家」。

再進一步，「絕對精神」所表現的，是感性直觀所直接接觸的「美」，是「藝術」；但這「美」卻被另外一種宗教的「神聖」所涵蓋；到後來唯有「哲學」出來，用一切去衡量一切的方法，引導藝術和宗教，走向「絕對」的階層。

在「宗教」的意見中，黑格爾完全站在西方人的立場，以啟示宗教，尤其羅馬為中心的制度宗教為最高，而其它自然宗教，則成為過度時期的東西。

黑格爾哲學，主要的就是要兌現西洋早期的哲學定義：「用一切去衡量一切」；因而他亦把「哲學」當作是高於一切的學問總滙，因而說明其為「知識的知識」、「藝術的藝術」、「宗教的宗教」(Scientia scientiarum, ars artium, religio religionum)。

結語

西洋近代哲學，開始於「科學哲學」的探討，經「道德哲學」的提升，終結在宗教情操的「觀念論」中。

「科學哲學」的特性，無論在理性主義，或經驗主義中，都可以表現出來，那就是先預設了「主客二元」的分立；這種分立所包含的，就是主觀世界和客觀世界，各有各的存在，而哲學在當時的任務，是要用「知識論」的方法，使這種二元的對立，能夠在科學方法的「真」之中，完全把握。

因為要用「科學方法」，因而，無論主體或客體，在認知的過程中，都應當化作「平面的」、「靜止的」，好使二者間有同一的思想法則，以及存在法則；而這二種法則又必需重疊在認識作用之中。因此，無論理性主義的直觀，或是經驗主義的歸納，其實都在「平面化」以及「靜止化」宇宙的嘗試中進行。

「科學哲學」的方法，一直到理性主義淪為獨斷主義，經驗主義淪為懷疑主義之後，才知難而退。適時有康德出來，把哲學導向了「道德哲學」的層次。

「道德哲學」所要探討的，是要把「靜」的主體「動化」，是要把平面的存在「立體化」。因而，在人生哲學中，道德哲學家把「人性」從自然中抽離出來，賦予道德價值；以為宇宙物質固可以是平面的，屬數理層面的；但是，人類卻會因了倫理道德的良知，而變成立體的，動態的。

「人會超度自己」是道德哲學的根本信念。人性會由於自身的努力和修練，而達到成聖成賢的階段。人性在完美自身的工作上，漸漸修成人格。

可是，哲學並不單單研究「人生問題」，「宇宙問題」也是哲學所不可忽略的，這就是促使德國觀念論，繼康德之後興起與發展的原因。

「觀念論」的根本信念，在於用一個「動」字，來形容宇宙萬象。這「動」字極似中國的「易」概念，都在說明宇宙的真象，不是靜止不動的，而是常在運動變化的；都在指出宇宙不是平面展開的，而是立體架構的。

就在立體重疊，與生生不息的宇宙中，觀念論者設法把人安置在其中；這就形成宇宙和人生的合一。

宇宙和人生，在哲學開始時，總設法使其合一，觀念論用所有的方法，設計出「辯證法」，使其邏輯的體系，和存在的架構，能在同一的法則下存在並發展。

西洋近代哲學，在史的發展上，從很具體的思想對象開始，漸漸進入了倫理道德的理想層次；復由倫理規範的確立，再次提升自己，走向藝術和宗教的境界。因此，在觀念論的設計下，整個宇宙的變化規程，依照著辯證的法則，由物質而生命，由生命而意識，由意識而精神；就在精神境界中，人性開始從荒蠻的「自然世界」中，創造出文明的「人文世界」；也就在人文世界的發展和進步中，不但發揚了科學、在自然中找出了數理法則，使人性統御著物性，而且利用物質來充實精神生命。在科學之上，提出了人與人之間的人際關係；當然，人與人之間，不同於人與物之間，人可以「用」物，但是人必需「愛」人，這就是倫理規範最基本的原則。

而在「愛人」的設計中，先要「修己」；「修己」就是康德「道德命令」的最終實行。

但是，「人與物」、「人與人」之外，還有「人與天」的關係，這就是整體人性，在發展過程的最終階段，必需注意的問題；同時也是問及「人生在世」的意識和價值的問題。

黑格爾的「絕對精神」，不但表現了西方宗教情操的「上帝」概念，而且在整體思想看，也是中國「天人合一」理想最終的實現。「絕對精神」是人性在經過道德、藝術、宗教之後，完成了人格的境界，同時亦是「精神」在「精神臨在物質」之後的最高發展。那末，整體宇宙，以及整個人生，在進步和發展過程的終極，都是走向「絕對精神」，變成「絕對精神」。在這個境界中，「物質」和「精神」是合一的；「物我合一」，「人我合一」，「天人合一」，都是這種情境的描寫。

近代哲學發展到觀念論時，兌現了「用一切去衡量一切」的哲學界說，可惜黑格爾「左派」學者，誤用了辯證法的邏輯，更調包了辯證的內容，而產生了辯證唯物論，催生了共產主義，赤化了半邊世界，陷害了無數善良的百姓，使人性蒙受了莫之能禦的空前大災。

西洋哲學的興盛，除了希臘早期，中世十三世紀之後，就是近代十九世紀前半期；到了十九世紀中期之後，興起了唯物、實證、實用、功利、進化等思想，重新陷人類於迷失中。

這些情況，待《現代哲學趣談》中，再行探討。

哲學十大問題

鄔昆如　著

本書首先探問哲學是什麼，接著論及哲學的主體——人，哲學的方法——思想，哲學的對象——存在；然後依次討論真、善、美、聖的層次，及其對應之學科——科學、倫理、藝術、宗教；最後聚焦於人我互助的社會。藉十大問題來介紹哲學、活用哲學，提供讀者安身立命、修己成人的祕方。

墨翟先生，請留步！

李賢中　著

兩千多年前的墨翟躍於紙上，在尋找天下至寶的途中，他巧遇了不同時空的先秦哲學家們：老子、莊周、惠施、孫武、公孫龍、荀子、韓非……。這些哲學家們談生命、論兼愛、講兵法、述鬼神，他們關心人性與管理、君子與立志的問題。本書介紹墨家哲學，也帶領讀者鳥瞰先秦哲學。

我的自由，不自由？

鄭光明　著

道德必定會限制我們的自由嗎？西洋諺語：「言論不會傷人，只有石頭會傷人。」真是這樣嗎？網路霸凌越演越烈，政府能不能以「言論對他人造成精神傷害」為理由，來限制言論自由呢？政府是否有合理理由，限制猥褻言論、禁止A片流通呢？智慧財產權是否侵害了言論自由？本書帶領讀者直擊言論自由問題的核心。